LA MAIN DE DIEU

Adultes Coloriage Livre
Edition Religieuse

Coloring Bandit

Copyright © 2017 by Coloring Bandit
Tous les droits sont réservés.

Aucune partie de ce livre ne peut être reproduite ou utilisée de quelque manière que ce soit, ni par aucun moyen, électronique ou mécanique, ce qui signifie que vous ne pouvez pas enregistrer ou photocopier des idées ou des conseils matériels fournis dans ce livre.

Publié par Speedy Publishing Canada Limited

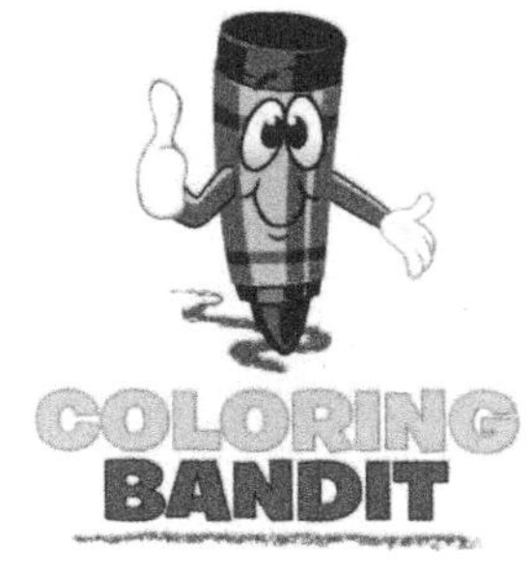

LA MAIN DE DIEU

Adultes Coloriage Livre

Edition Religieuse

Coloring Bandit

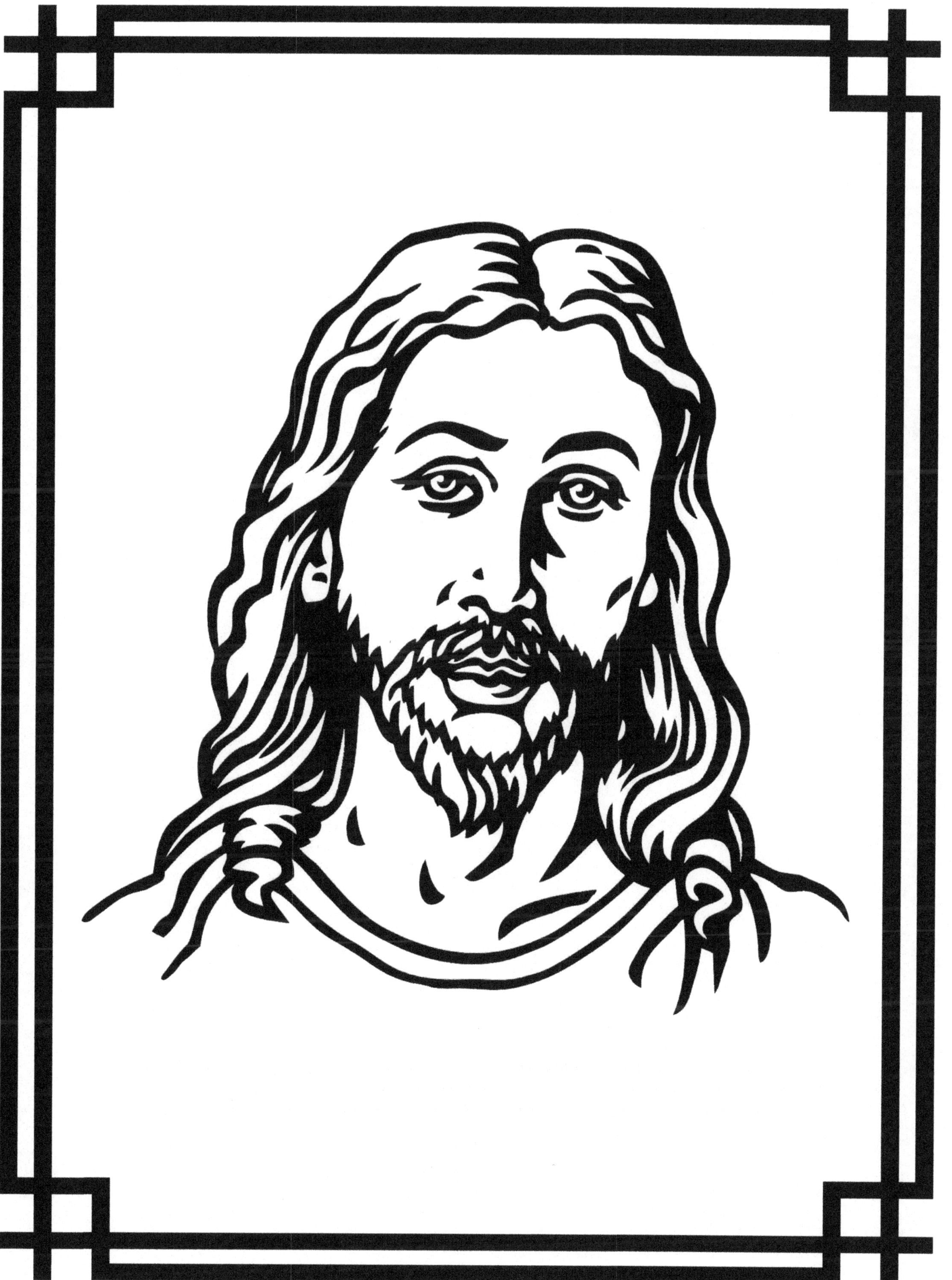

C'est une purge par Page si vous utilisez un coloriage feutre ou un stylo!

Trouver d'autres grands titres par la recherche de Coloriage Bandit *sur Favorite livre détaillant*

Amazon.Ca | Barnes & Noble (BN.Com) | J'ai Des Livres 1 Million (BAM.Com)

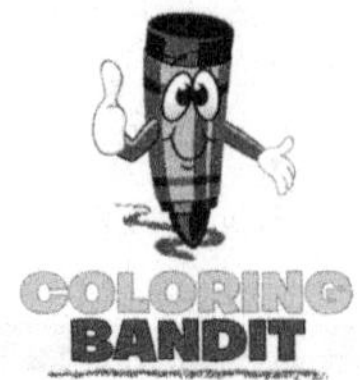

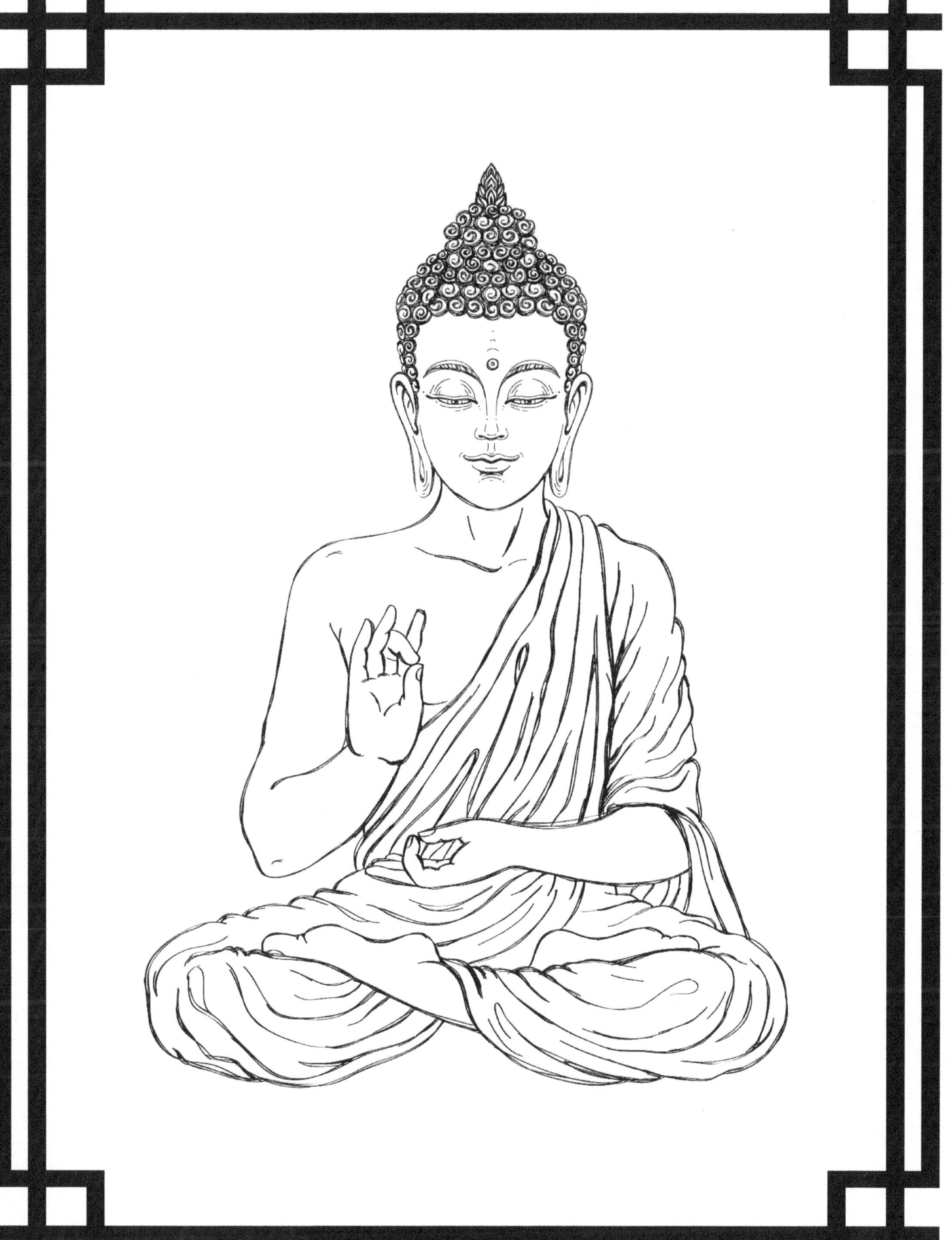

C'est une purge par Page si vous utilisez un coloriage feutre ou un stylo!

Trouver d'autres grands titres par la recherche de Coloriage Bandit sur Favorite livre détaillant

Amazon.Ca | Barnes & Noble (BN.Com) | J'ai Des Livres 1 Million (BAM.Com)

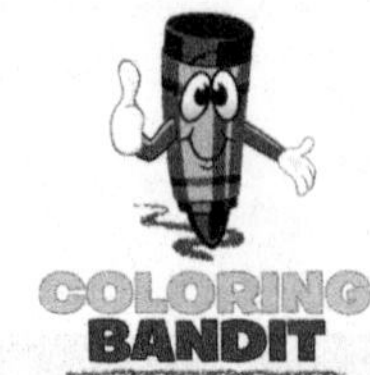

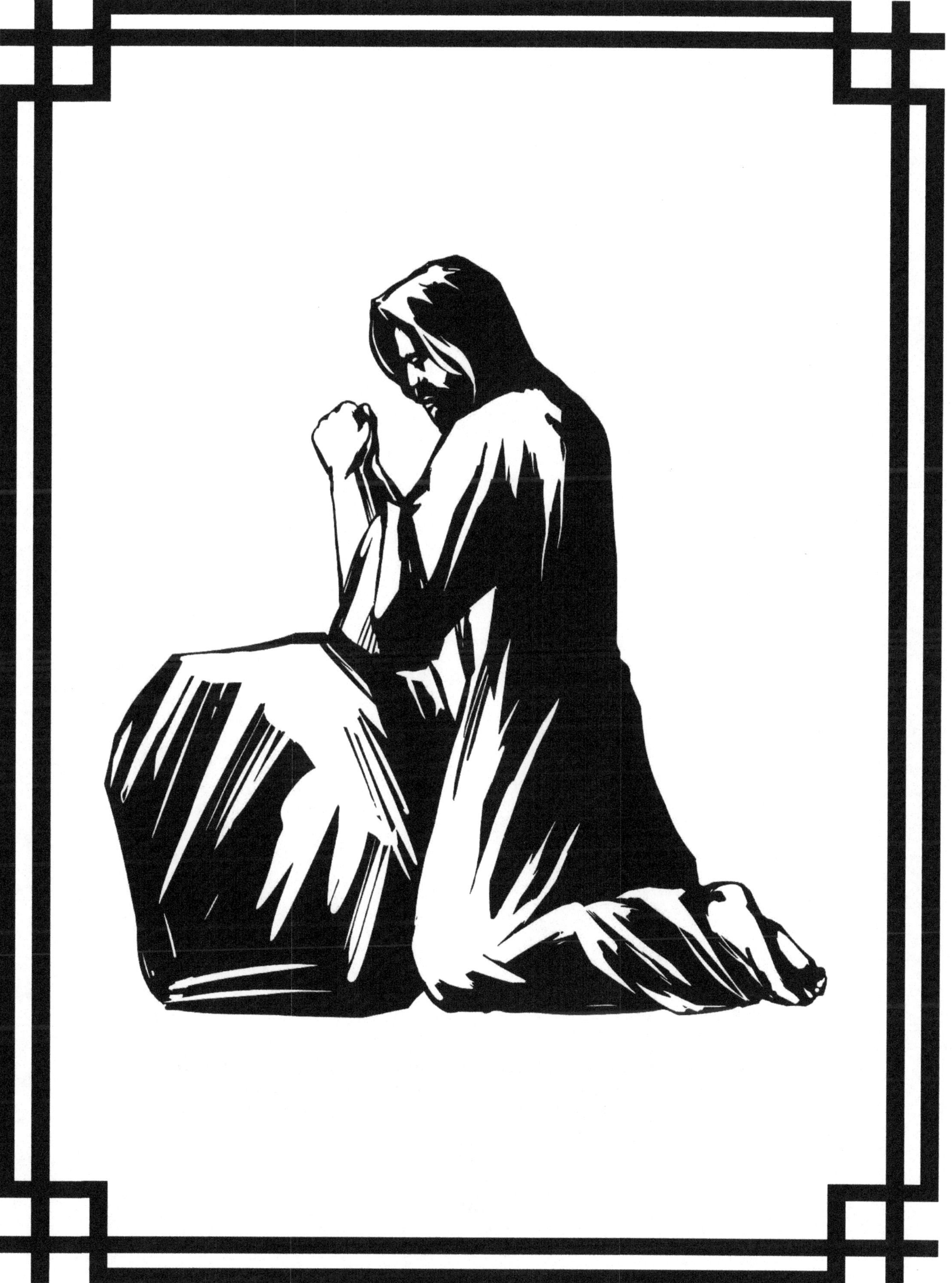

C'est une purge par Page si vous utilisez un coloriage feutre ou un stylo!

Trouver d'autres grands titres par la recherche de _Coloriage Bandit_ sur Favorite livre détaillant

Amazon.Ca | Barnes & Noble (BN.Com) | J'ai Des Livres 1 Million (BAM.Com)

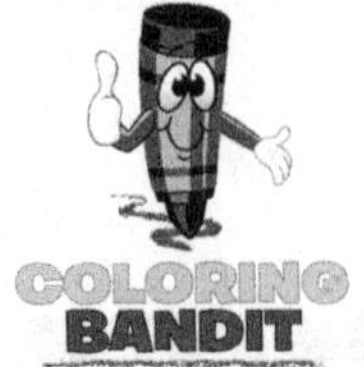

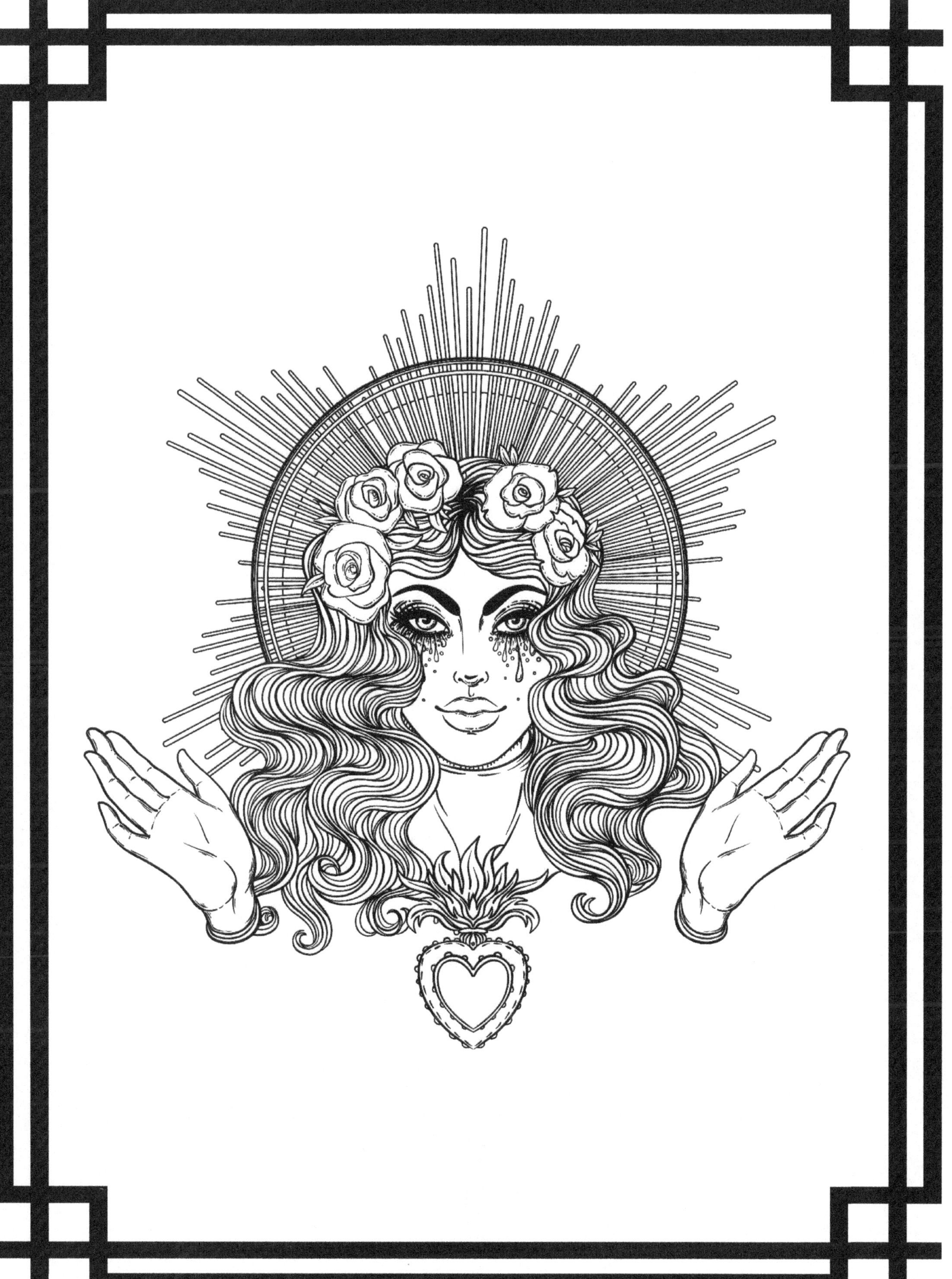

C'est une purge par Page si vous utilisez un coloriage feutre ou un stylo!
Trouver d'autres grands titres par la recherche de *Coloriage Bandit* sur Favorite livre détaillant
Amazon.Ca | Barnes & Noble (BN.Com) | J'ai Des Livres 1 Million (BAM.Com)

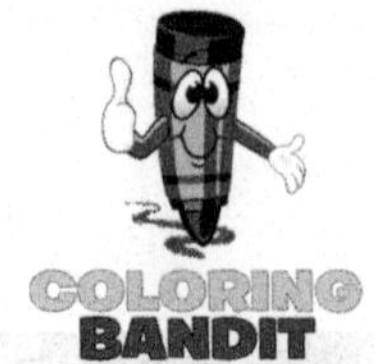

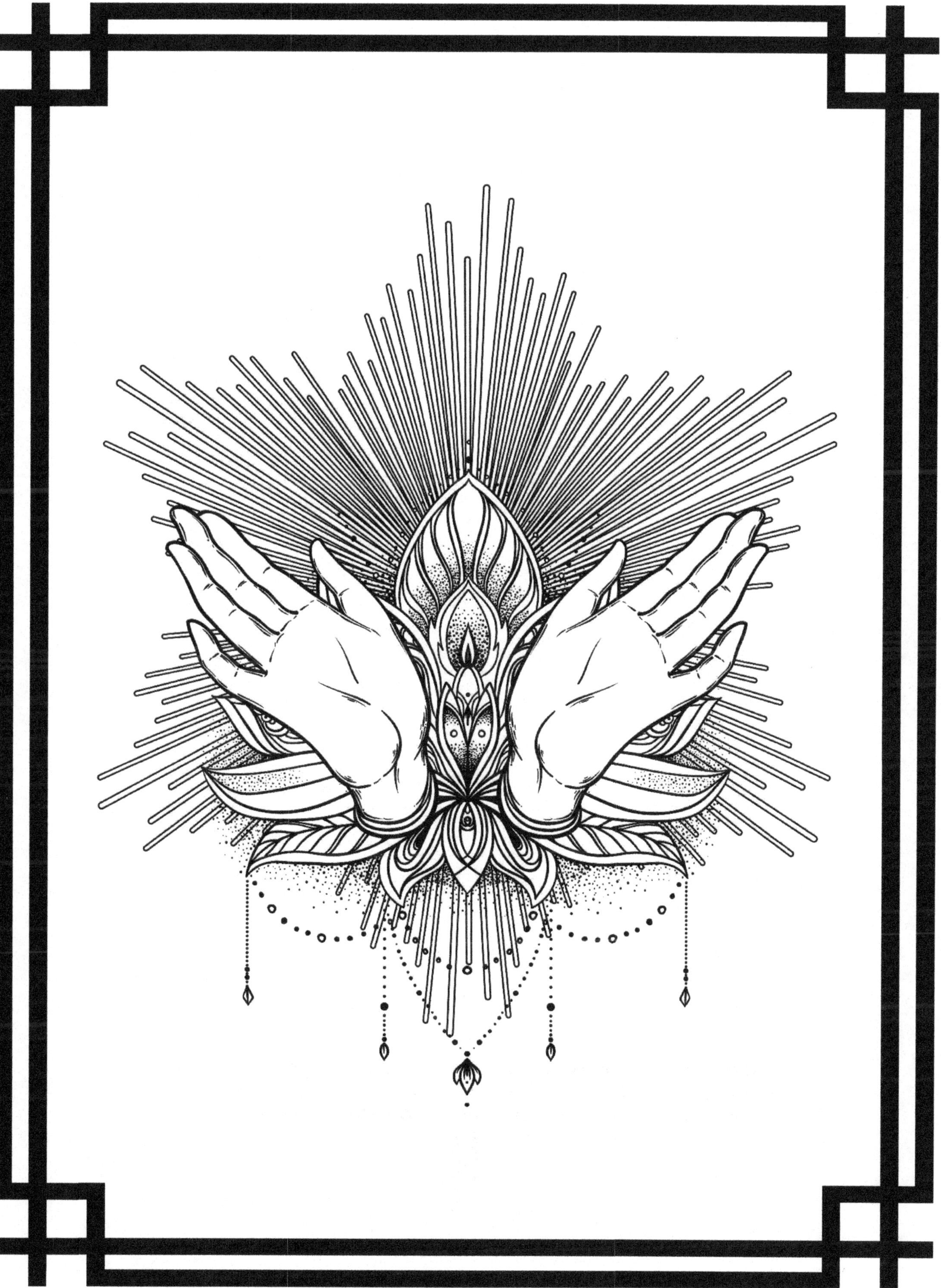

C'est une purge par Page si vous utilisez un coloriage feutre ou un stylo!
Trouver d'autres grands titres par la recherche de *Coloriage Bandit* sur Favorite livre détaillant
Amazon.Ca | Barnes & Noble (BN.Com) | J'ai Des Livres 1 Million (BAM.Com)

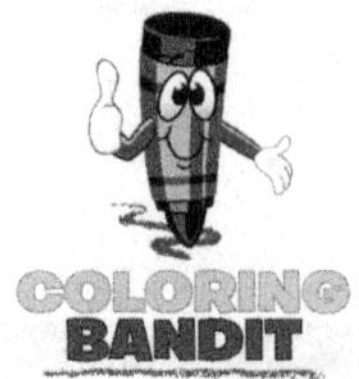

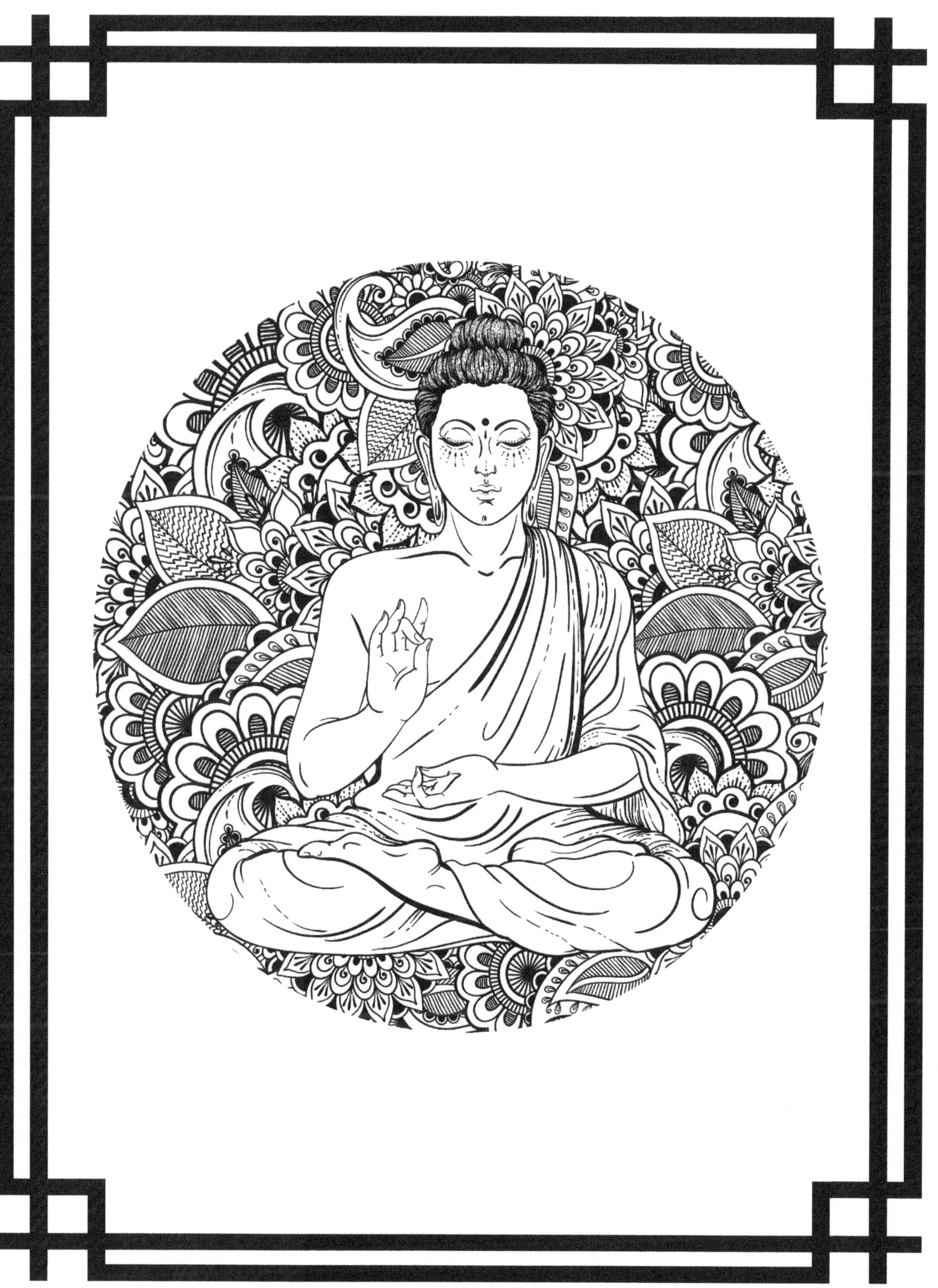

C'est une purge par Page si vous utilisez un coloriage feutre ou un stylo!

Trouver d'autres grands titres par la recherche de Coloriage Bandit sur Favorite livre détaillant

Amazon.Ca | Barnes & Noble (BN.Com) | J'ai Des Livres 1 Million (BAM.Com)

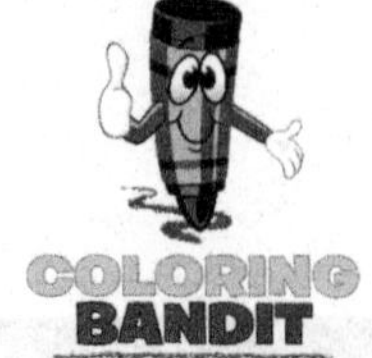

COLORING
BANDIT

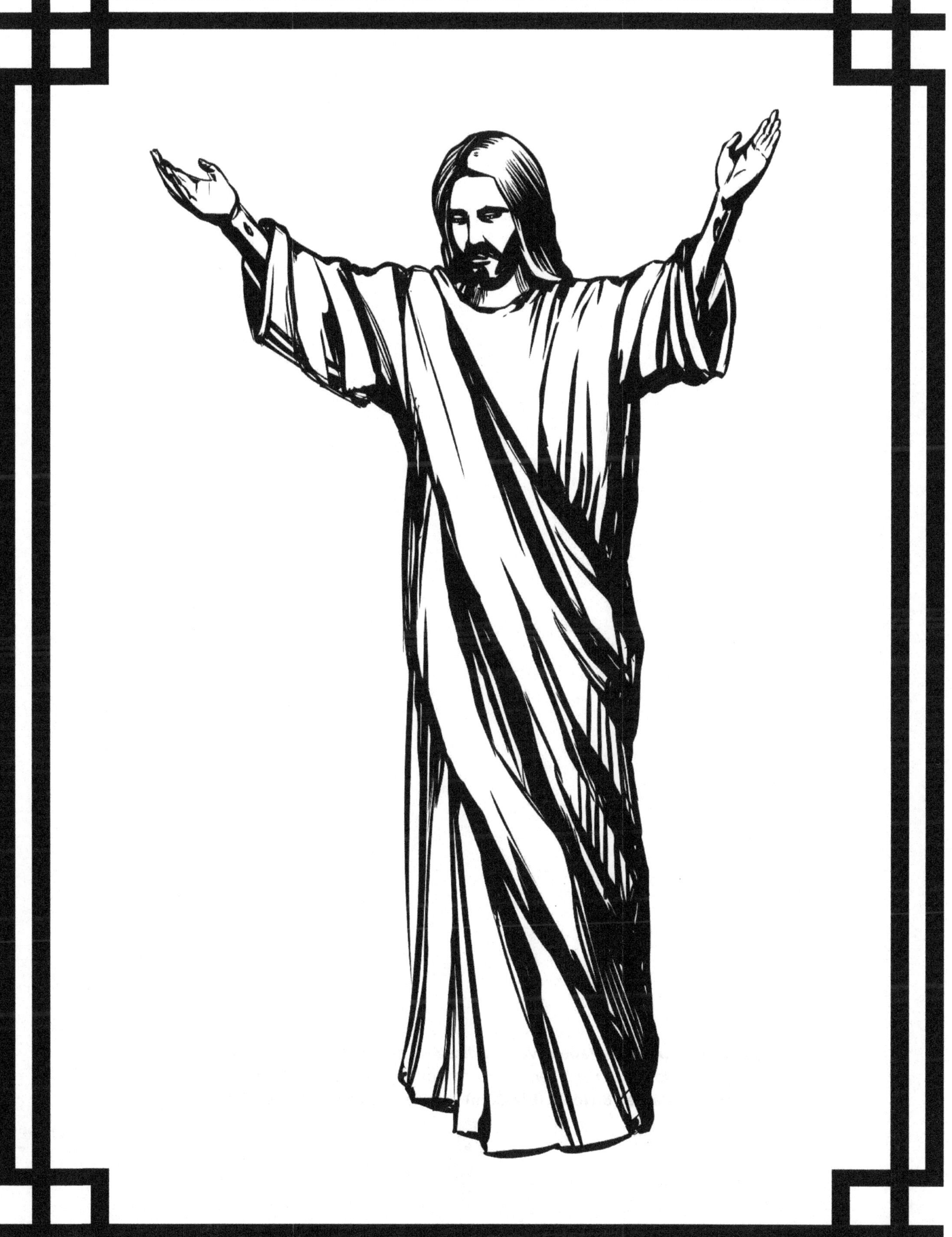

C'est une purge par Page si vous utilisez un coloriage feutre ou un stylo!
Trouver d'autres grands titres par la recherche de *Coloriage Bandit* sur Favorite livre détaillant
Amazon.Ca | Barnes & Noble (BN.Com) | J'ai Des Livres 1 Million (BAM.Com)

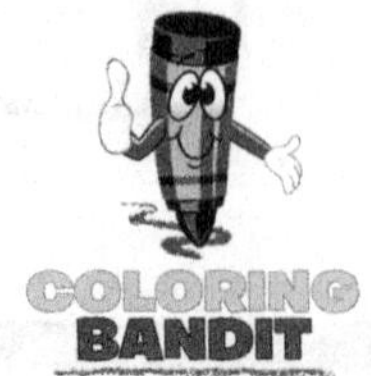

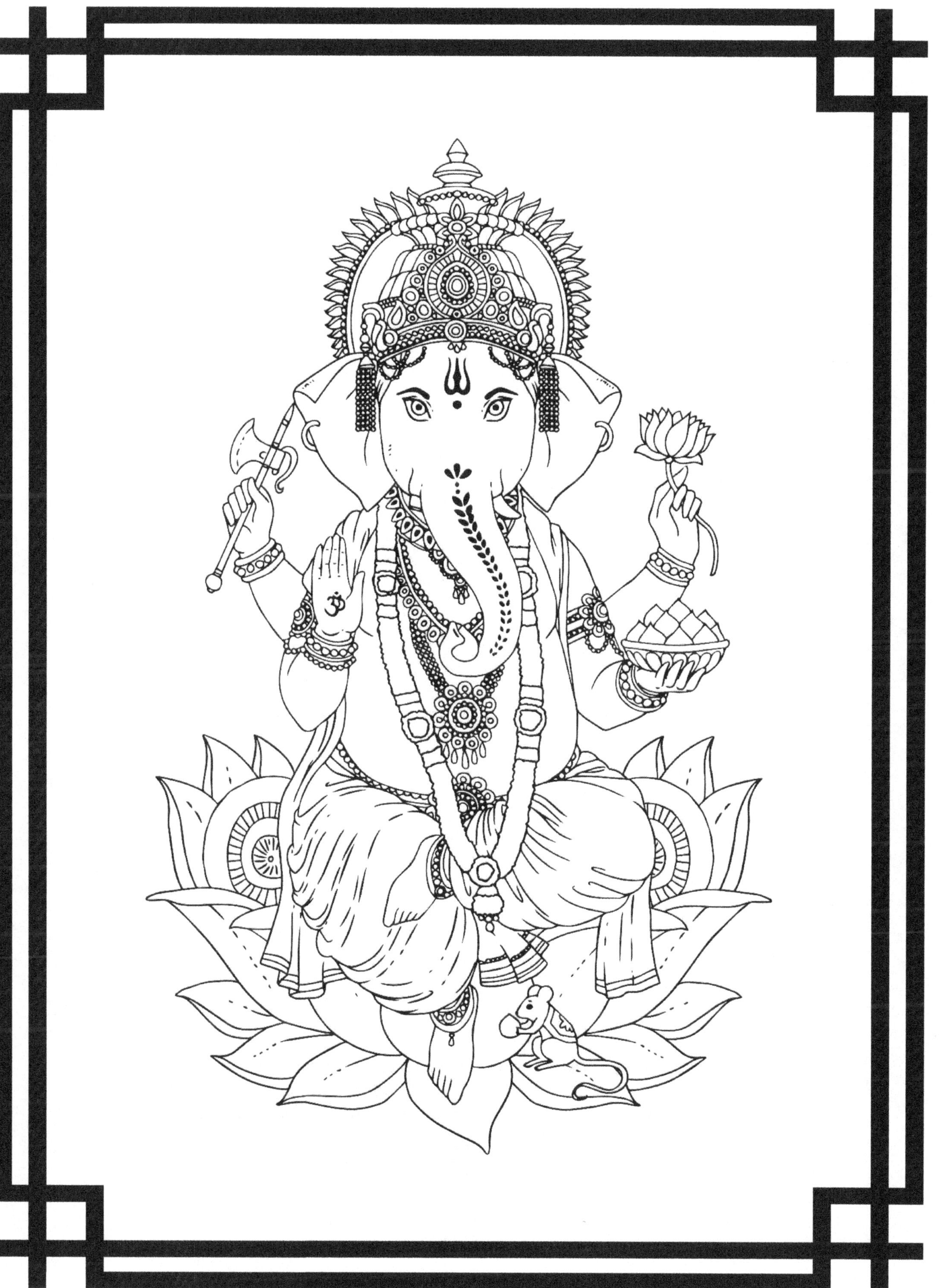

C'est une purge par Page si vous utilisez un coloriage feutre ou un stylo!
Trouver d'autres grands titres par la recherche de Coloriage Bandit sur Favorite livre détaillant
Amazon.Ca | Barnes & Noble (BN.Com) | J'ai Des Livres 1 Million (BAM.Com)

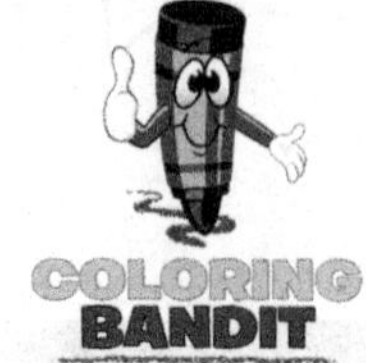

COLORING BANDIT

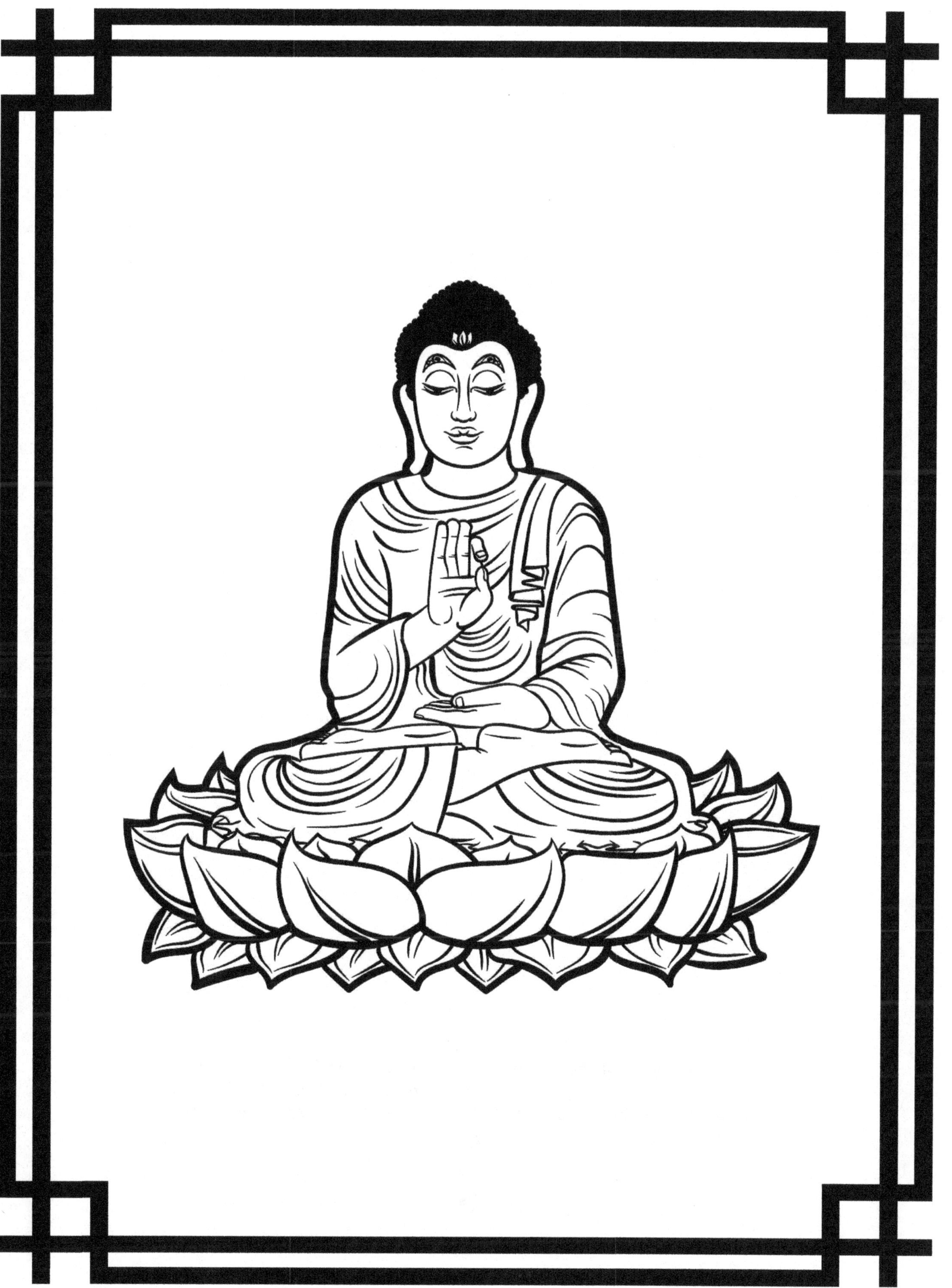

C'est une purge par Page si vous utilisez un coloriage feutre ou un stylo!
Trouver d'autres grands titres par la recherche de *Coloriage Bandit* sur Favorite livre détaillant
Amazon.Ca | Barnes & Noble (BN.Com) | J'ai Des Livres 1 Million (BAM.Com)

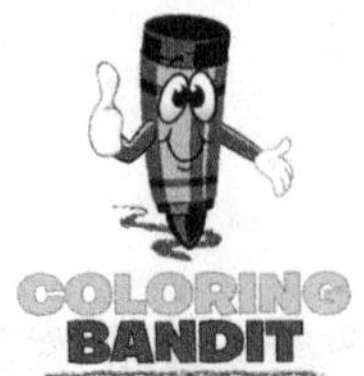

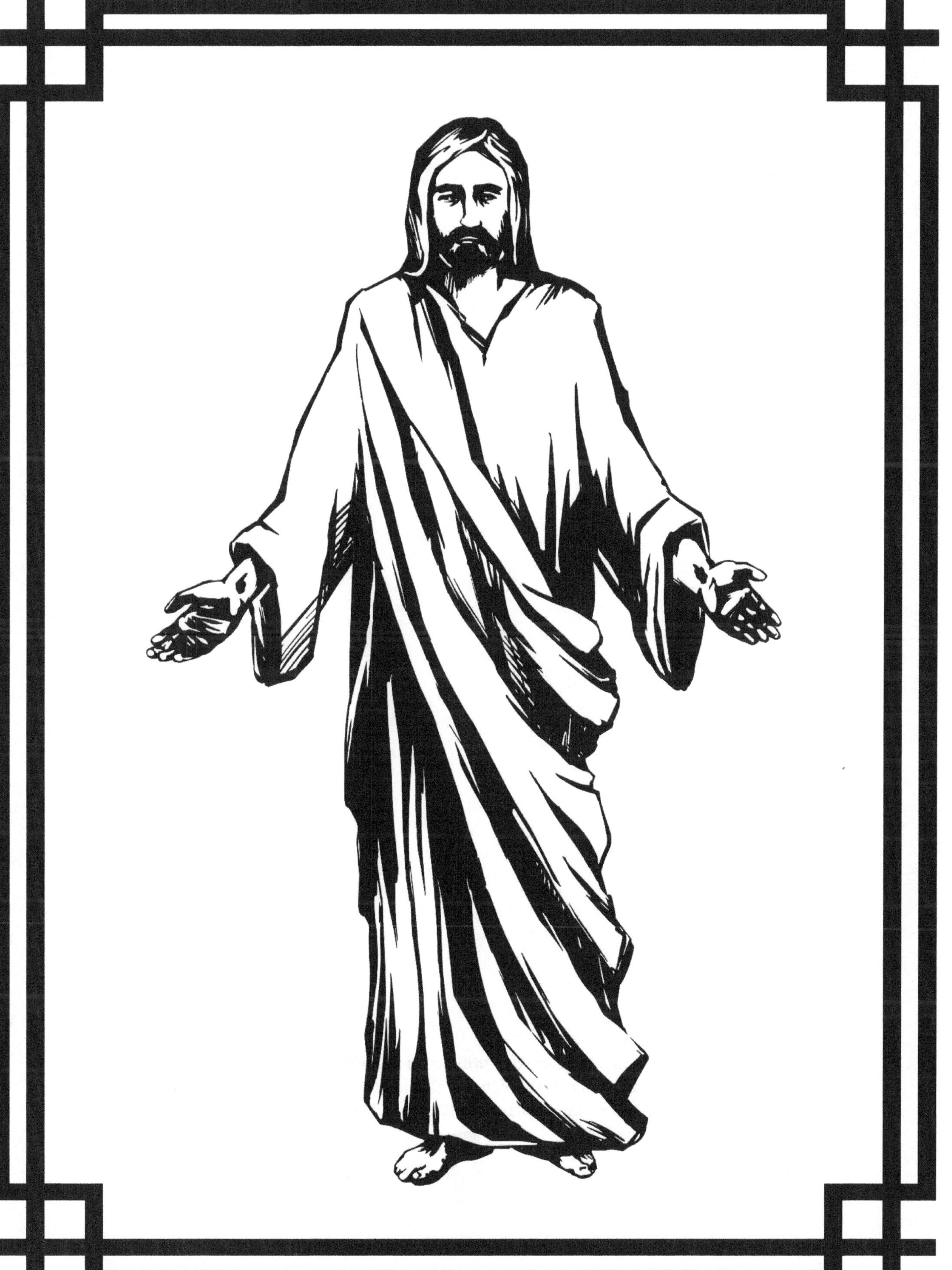

C'est une purge par Page si vous utilisez un coloriage feutre ou un stylo!

Trouver d'autres grands titres par la recherche de Coloriage Bandit sur Favorite livre détaillant

Amazon.Ca | Barnes & Noble (BN.Com) | J'ai Des Livres 1 Million (BAM.Com)

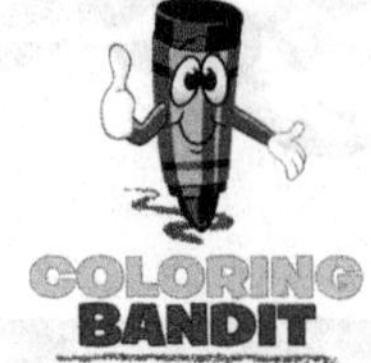

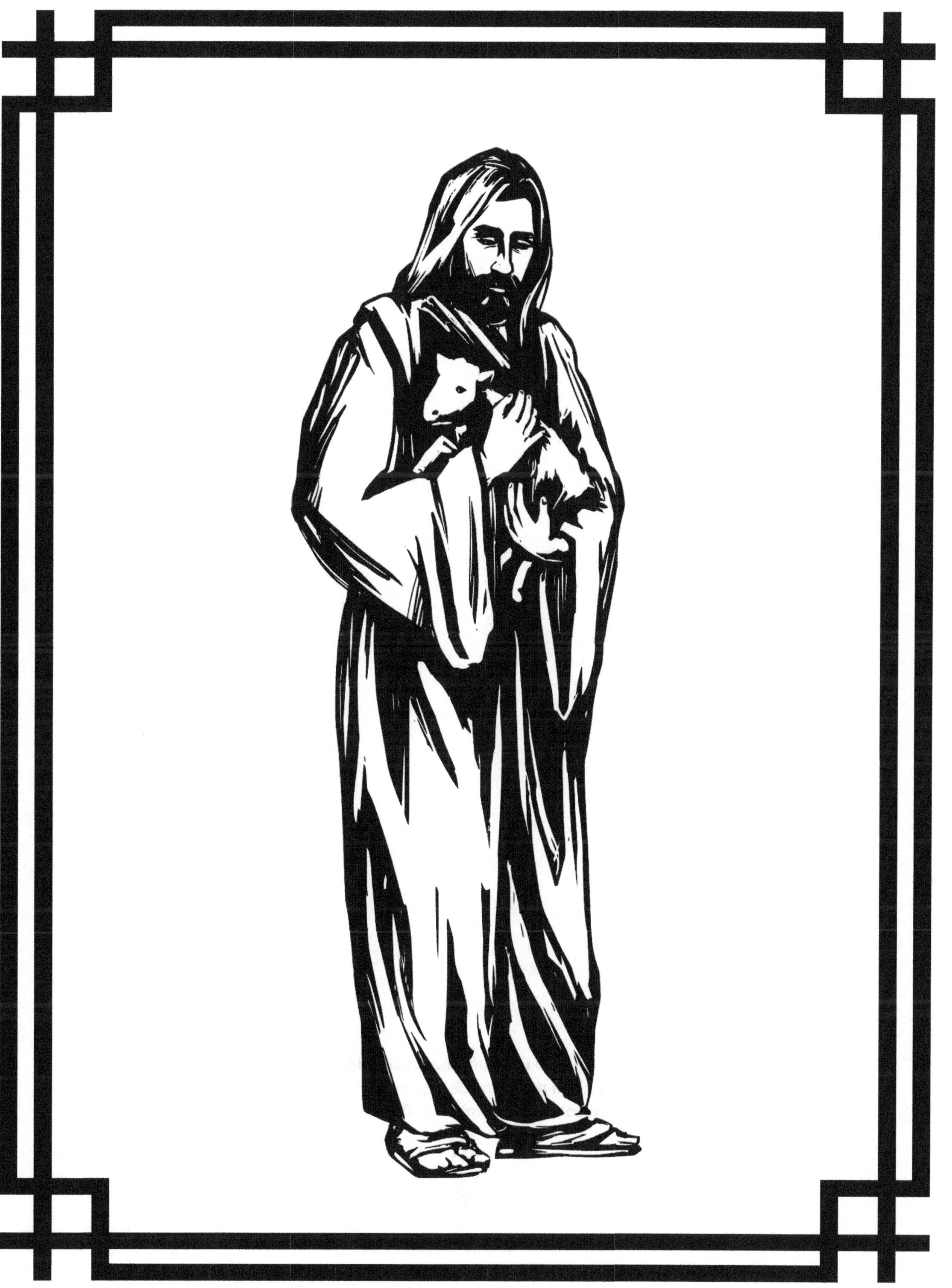

C'est une purge par Page si vous utilisez un coloriage feutre ou un stylo!

Trouver d'autres grands titres par la recherche de Coloriage Bandit *sur Favorite livre détaillant*

Amazon.Ca | Barnes & Noble (BN.Com) | J'ai Des Livres 1 Million (BAM.Com)

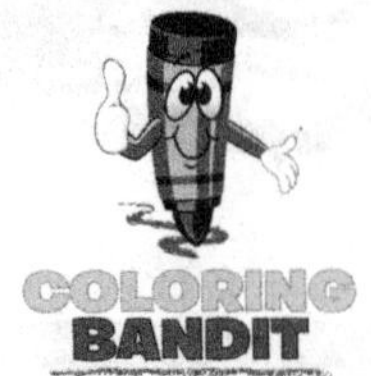

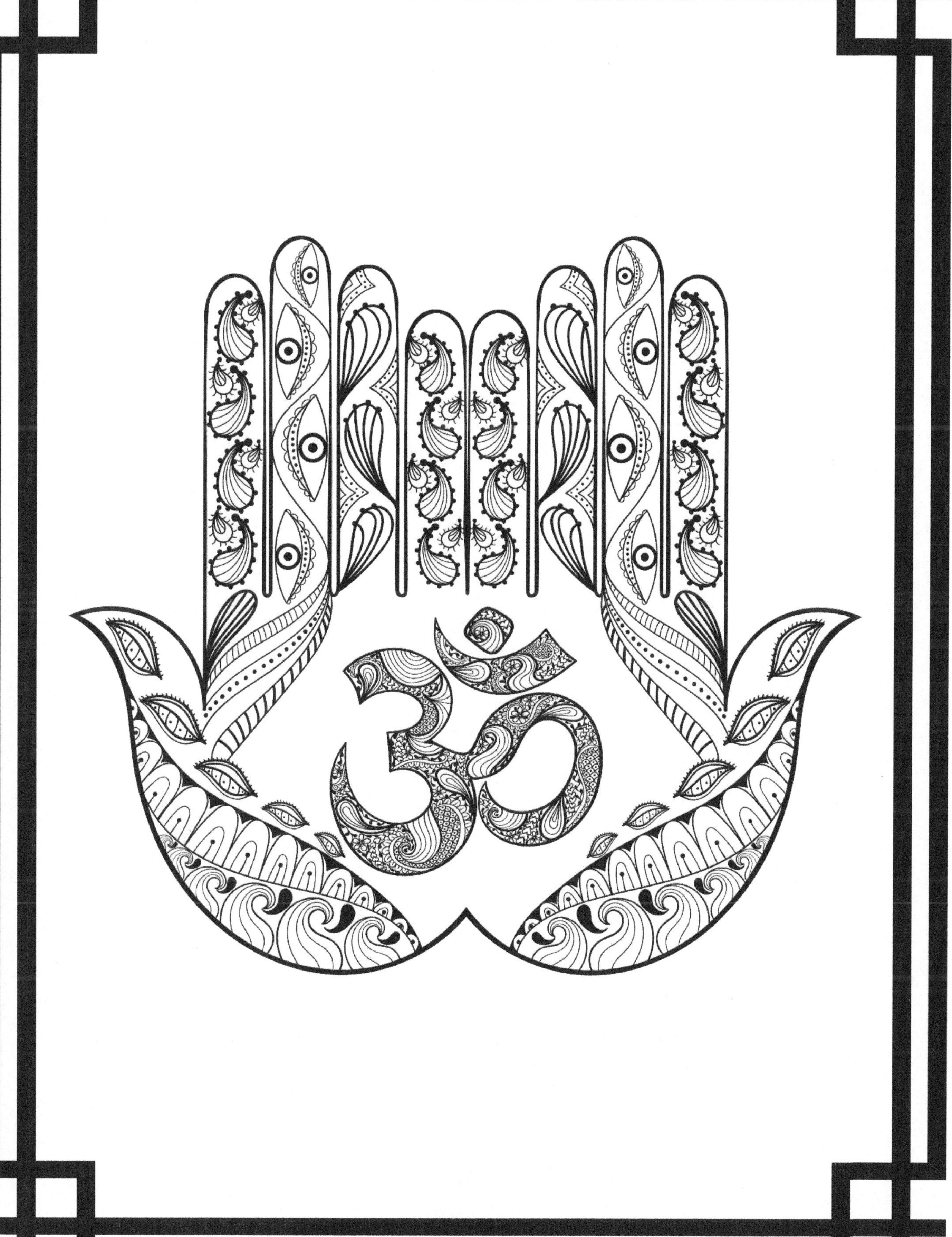

C'est une purge par Page si vous utilisez un coloriage feutre ou un stylo!

Trouver d'autres grands titres par la recherche de *Coloriage Bandit* sur Favorite livre détaillant

Amazon.Ca | Barnes & Noble (BN.Com) | J'ai Des Livres 1 Million (BAM.Com)

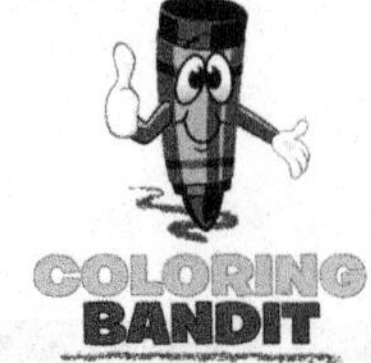

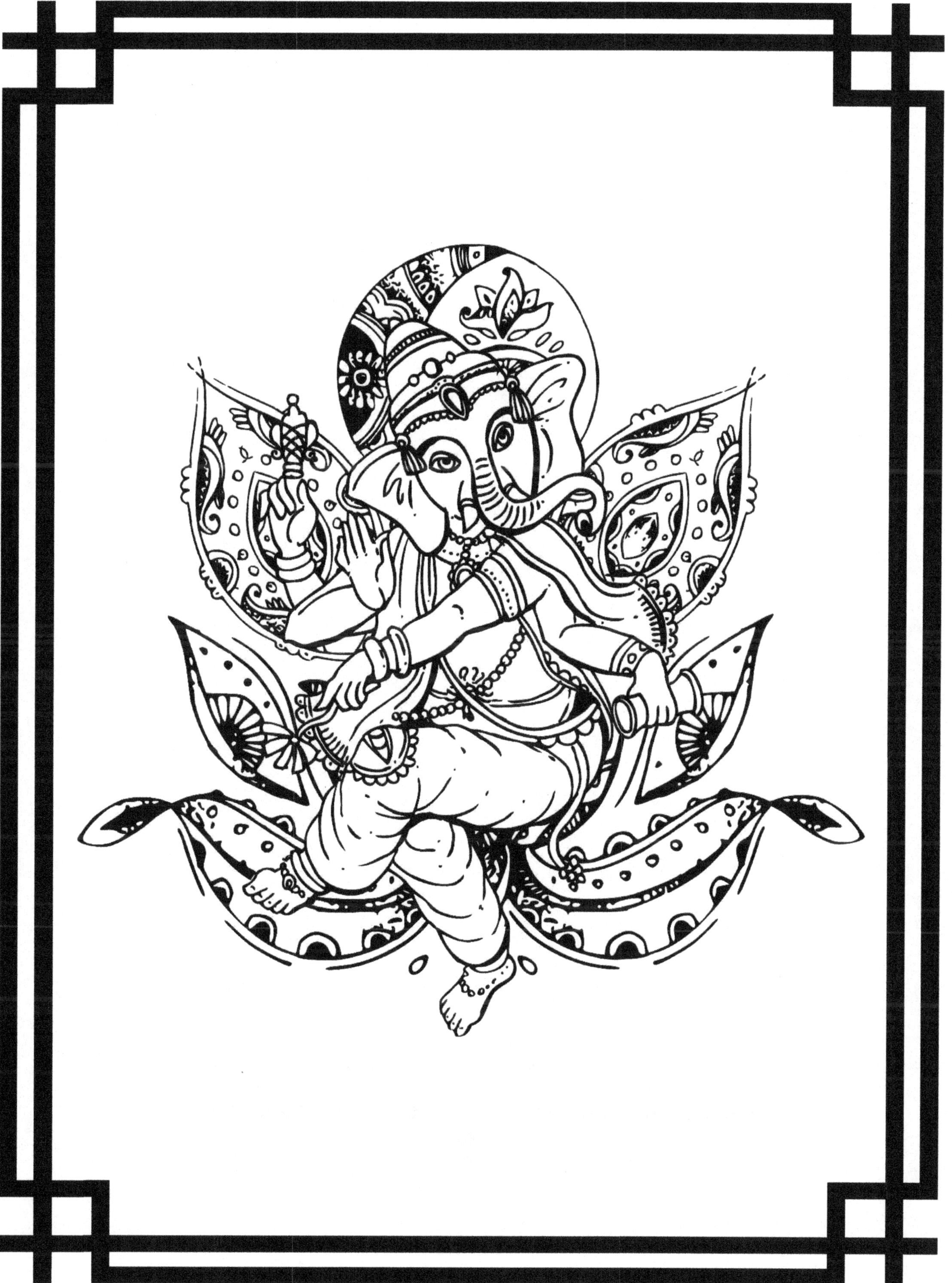

C'est une purge par Page si vous utilisez un coloriage feutre ou un stylo!
Trouver d'autres grands titres par la recherche de *Coloriage Bandit* sur Favorite livre détaillant
Amazon.Ca | Barnes & Noble (BN.Com) | J'ai Des Livres 1 Million (BAM.Com)

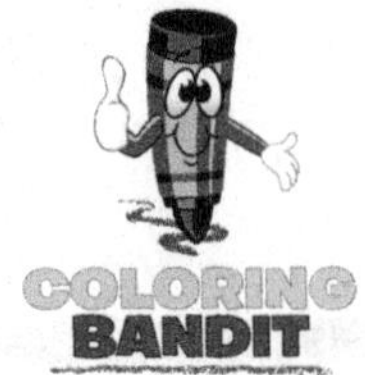

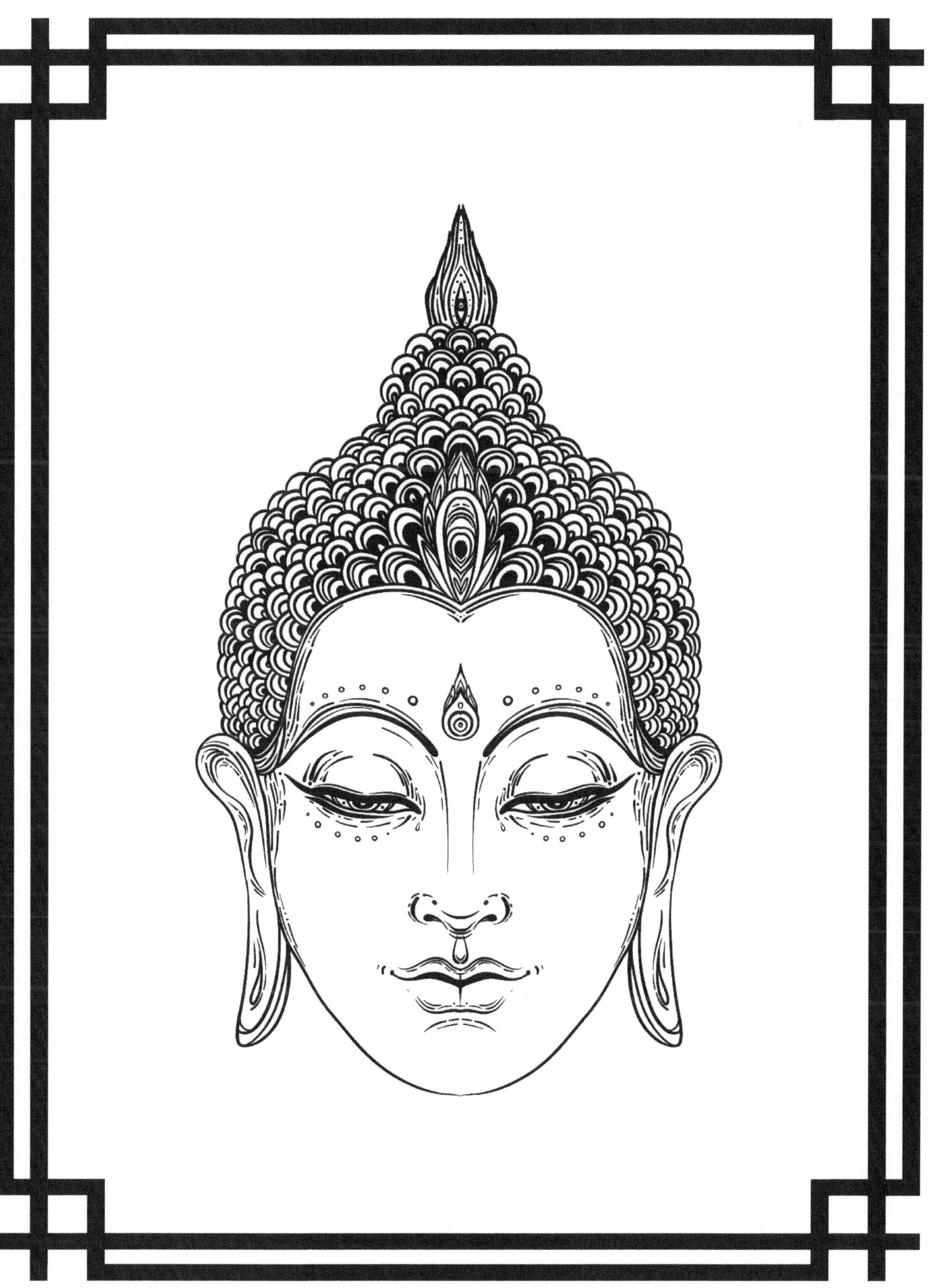

C'est une purge par Page si vous utilisez un coloriage feutre ou un stylo!
Trouver d'autres grands titres par la recherche de Coloriage Bandit sur Favorite livre détaillant
Amazon.Ca | Barnes & Noble (BN.Com) | J'ai Des Livres 1 Million (BAM.Com)

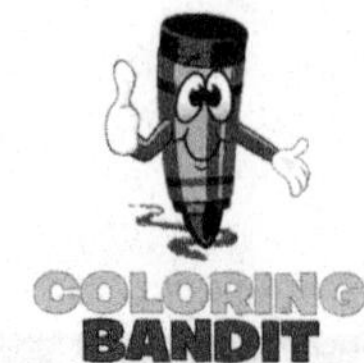

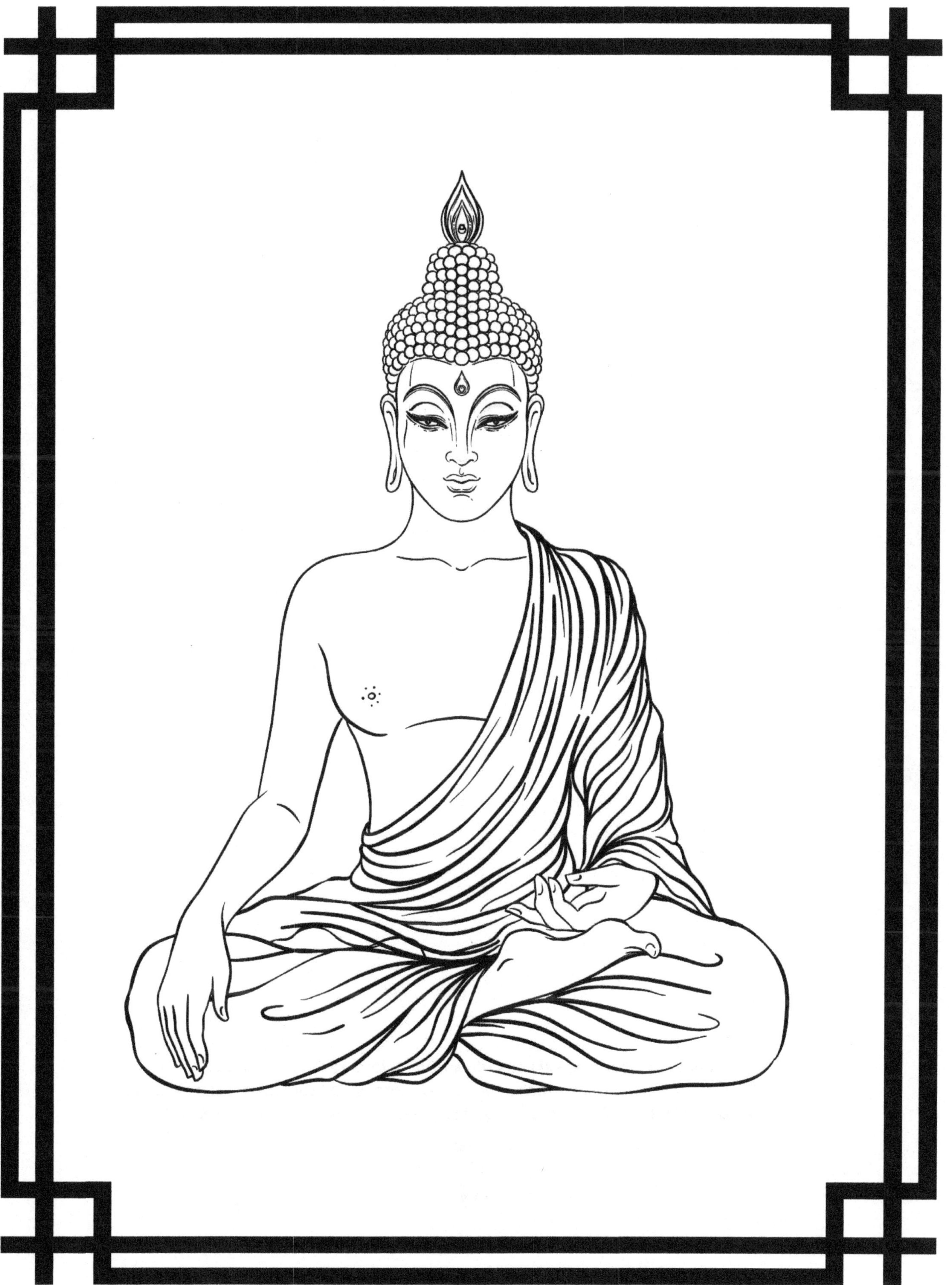

C'est une purge par Page si vous utilisez un coloriage feutre ou un stylo!
Trouver d'autres grands titres par la recherche de Coloriage Bandit sur Favorite livre détaillant
Amazon.Ca | Barnes & Noble (BN.Com) | J'ai Des Livres 1 Million (BAM.Com)

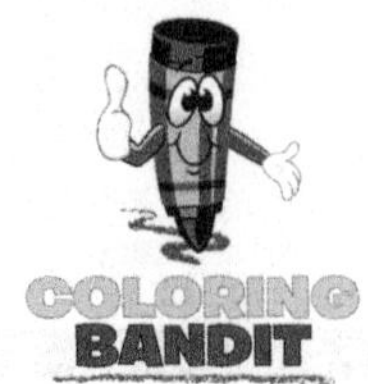

COLORING
BANDIT

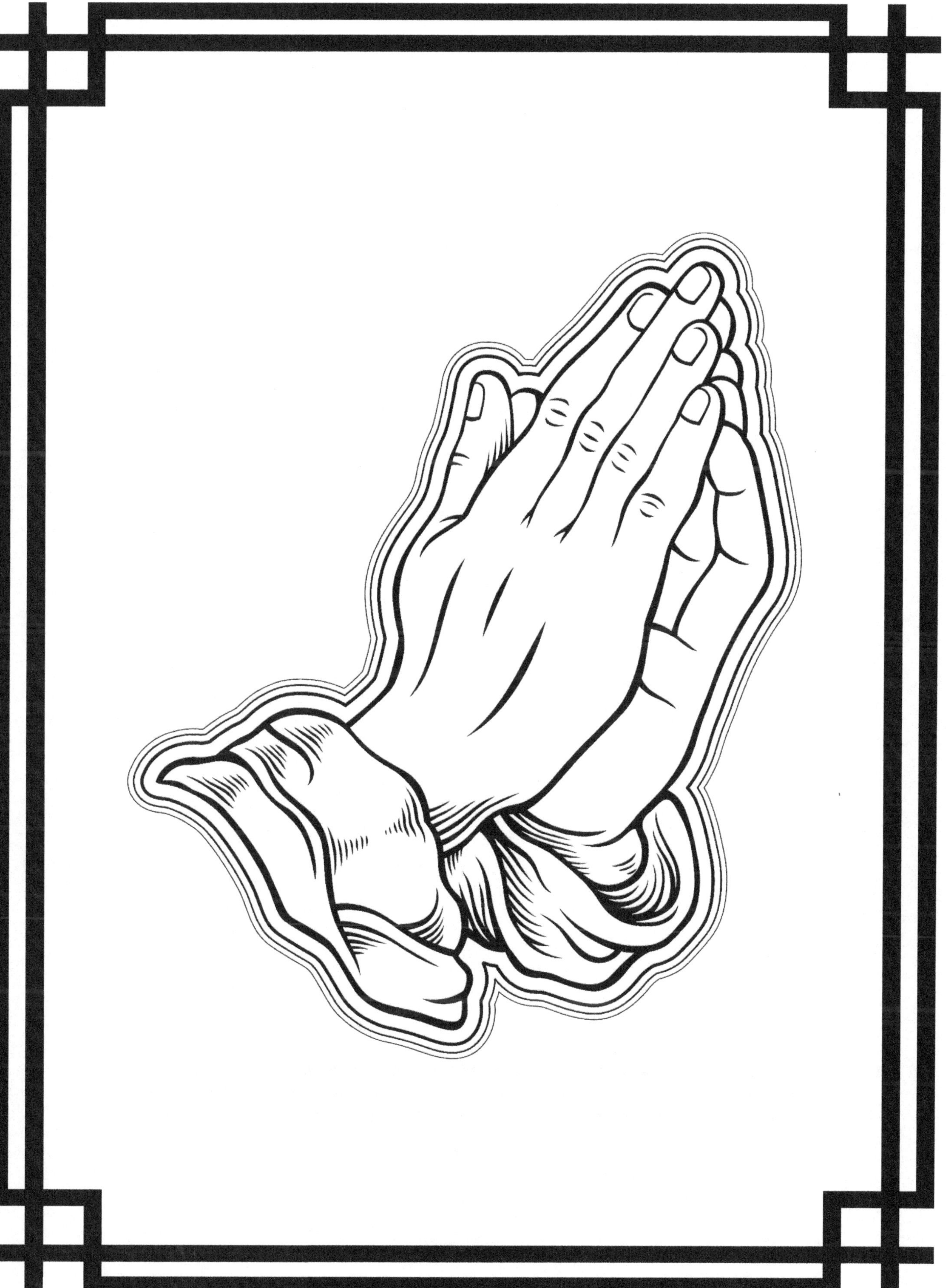

C'est une purge par Page si vous utilisez un coloriage feutre ou un stylo!

Trouver d'autres grands titres par la recherche de *Coloriage Bandit* sur Favorite livre détaillant

Amazon.Ca | Barnes & Noble (BN.Com) | J'ai Des Livres 1 Million (BAM.Com)

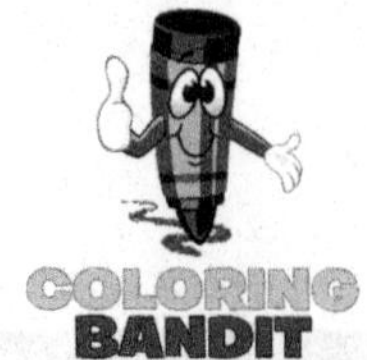

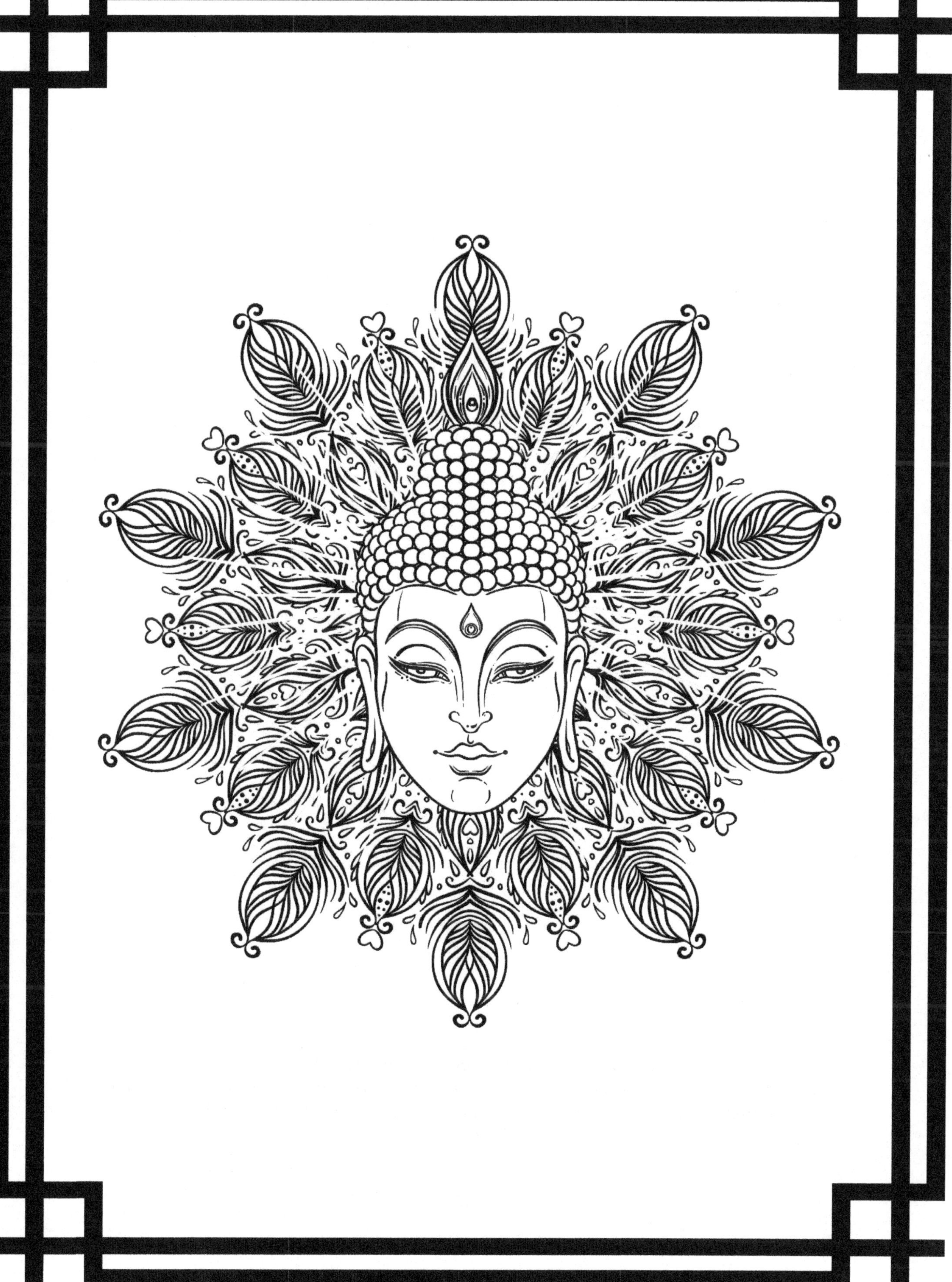

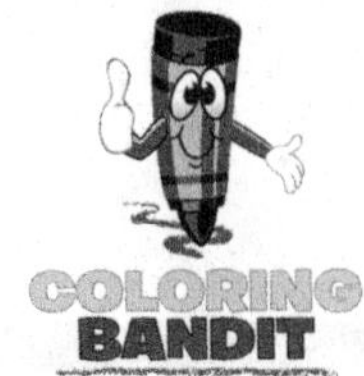

C'est une purge par Page si vous utilisez un coloriage feutre ou un stylo!
Trouver d'autres grands titres par la recherche de *Coloriage Bandit* sur Favorite livre détaillant
Amazon.Ca | Barnes & Noble (BN.Com) | J'ai Des Livres 1 Million (BAM.Com)

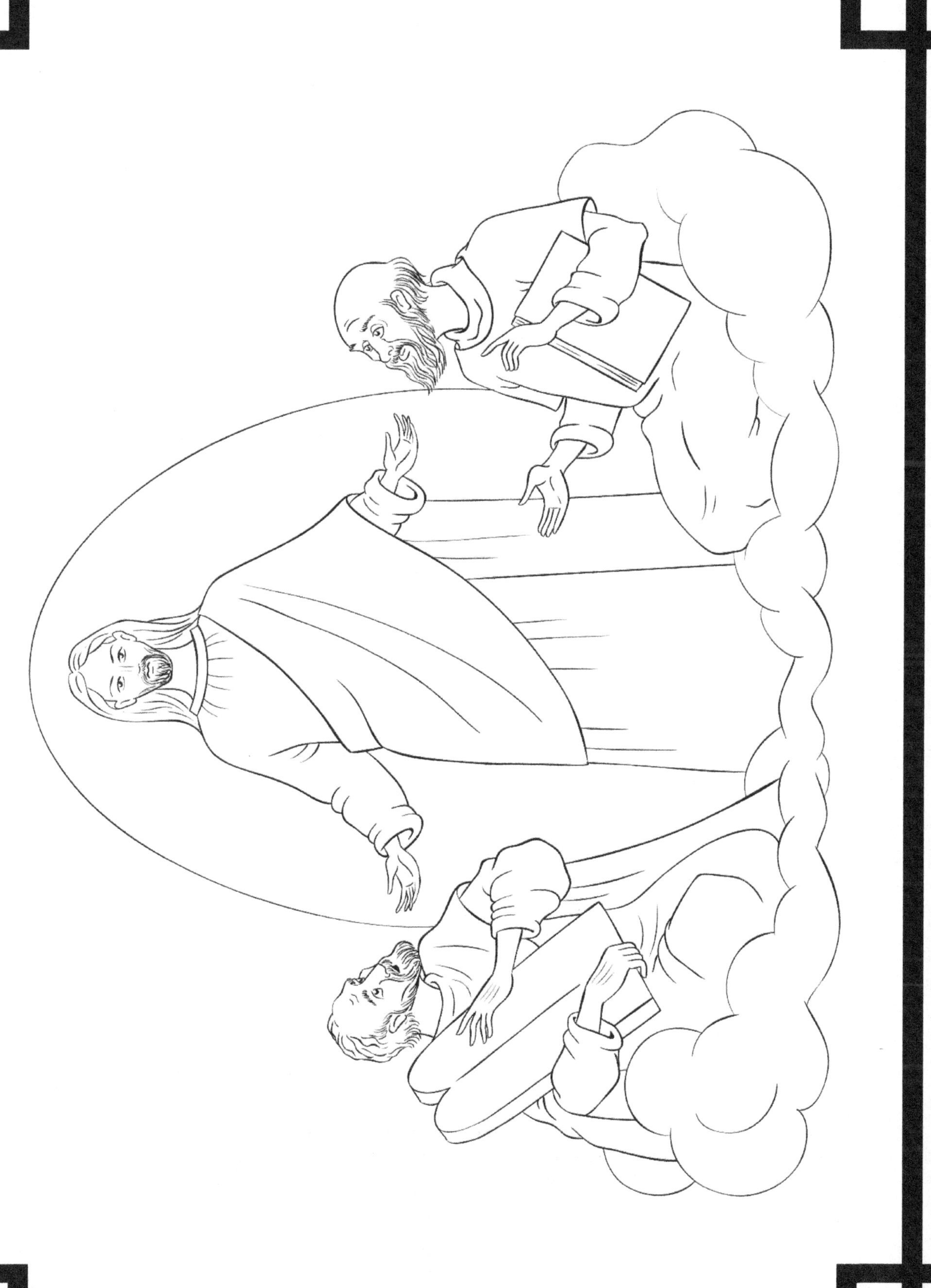

C'est une purge par Page si vous utilisez un coloriage feutre ou un stylo!

Trouver d'autres grands titres par la recherche de <u>*Coloriage Bandit*</u> *sur Favorite livre détaillant*

Amazon.Ca | Barnes & Noble (BN.Com) | J'ai Des Livres 1 Million (BAM.Com)

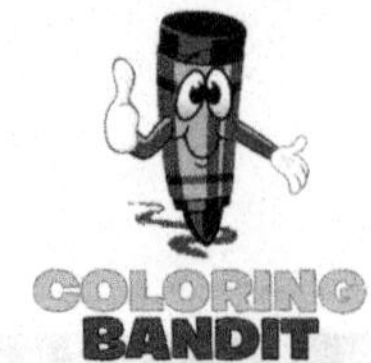

COLORING
BANDIT

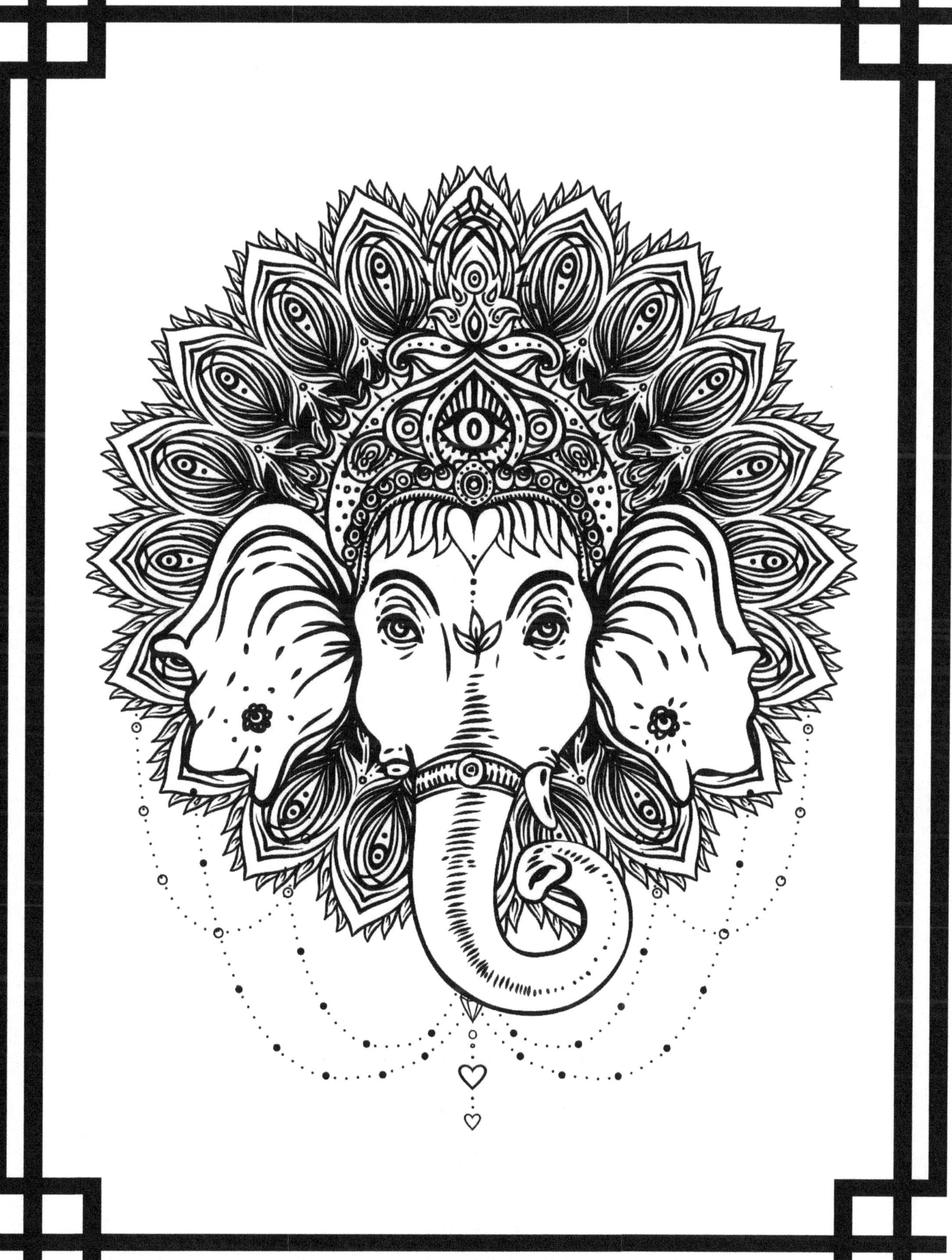

C'est une purge par Page si vous utilisez un coloriage feutre ou un stylo!
Trouver d'autres grands titres par la recherche de Coloriage Bandit *sur Favorite livre détaillant*
Amazon.Ca | Barnes & Noble (BN.Com) | J'ai Des Livres 1 Million (BAM.Com)

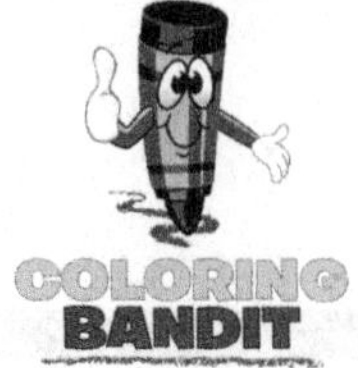

COLORING
BANDIT

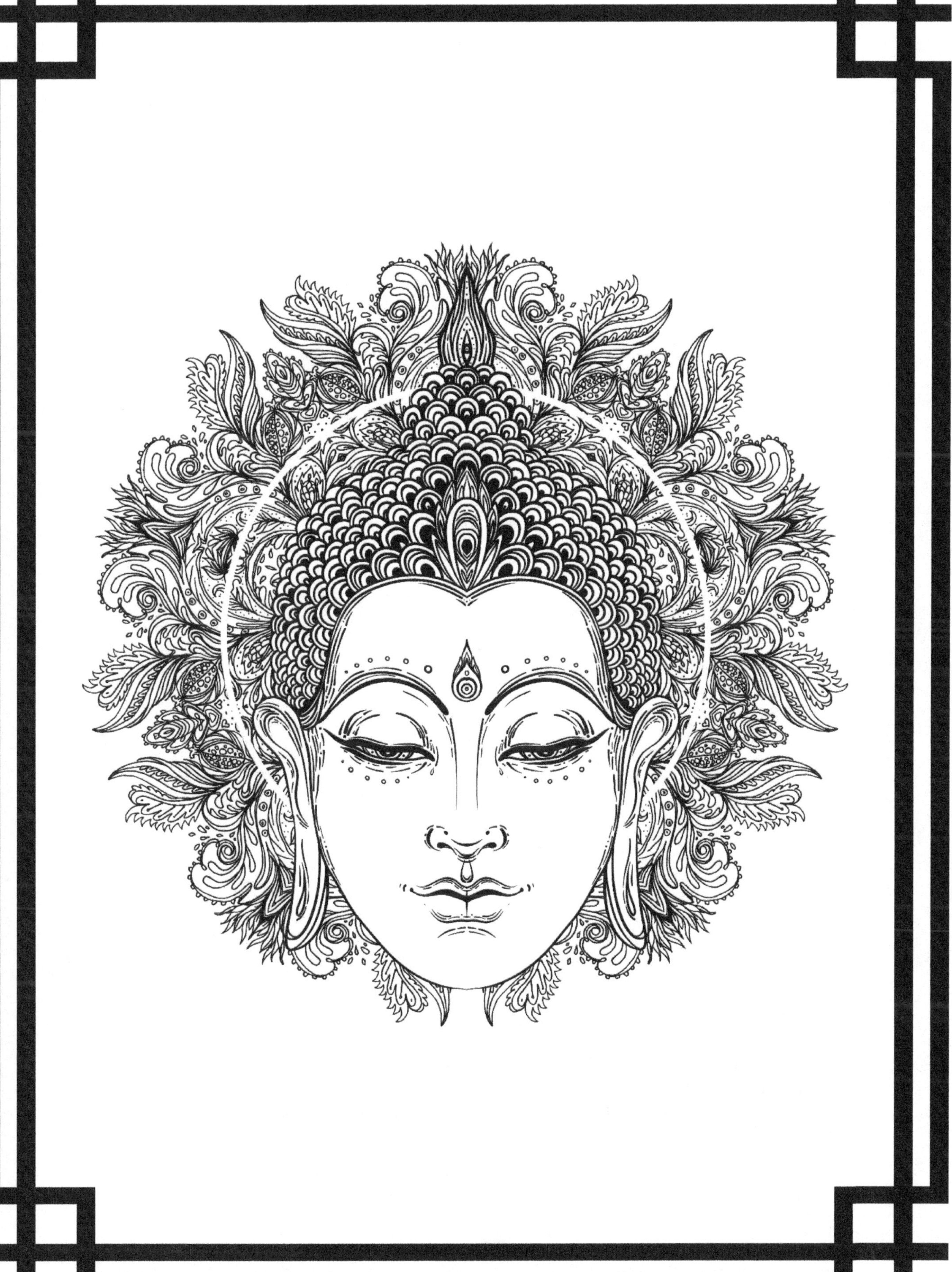

C'est une purge par Page si vous utilisez un coloriage feutre ou un stylo!
Trouver d'autres grands titres par la recherche de Coloriage Bandit sur Favorite livre détaillant
Amazon.Ca | Barnes & Noble (BN.Com) | J'ai Des Livres 1 Million (BAM.Com)

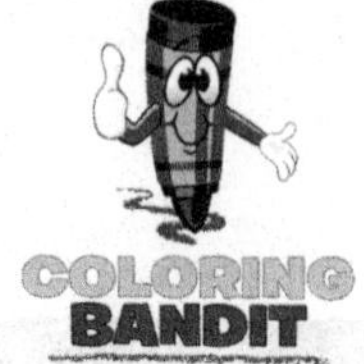

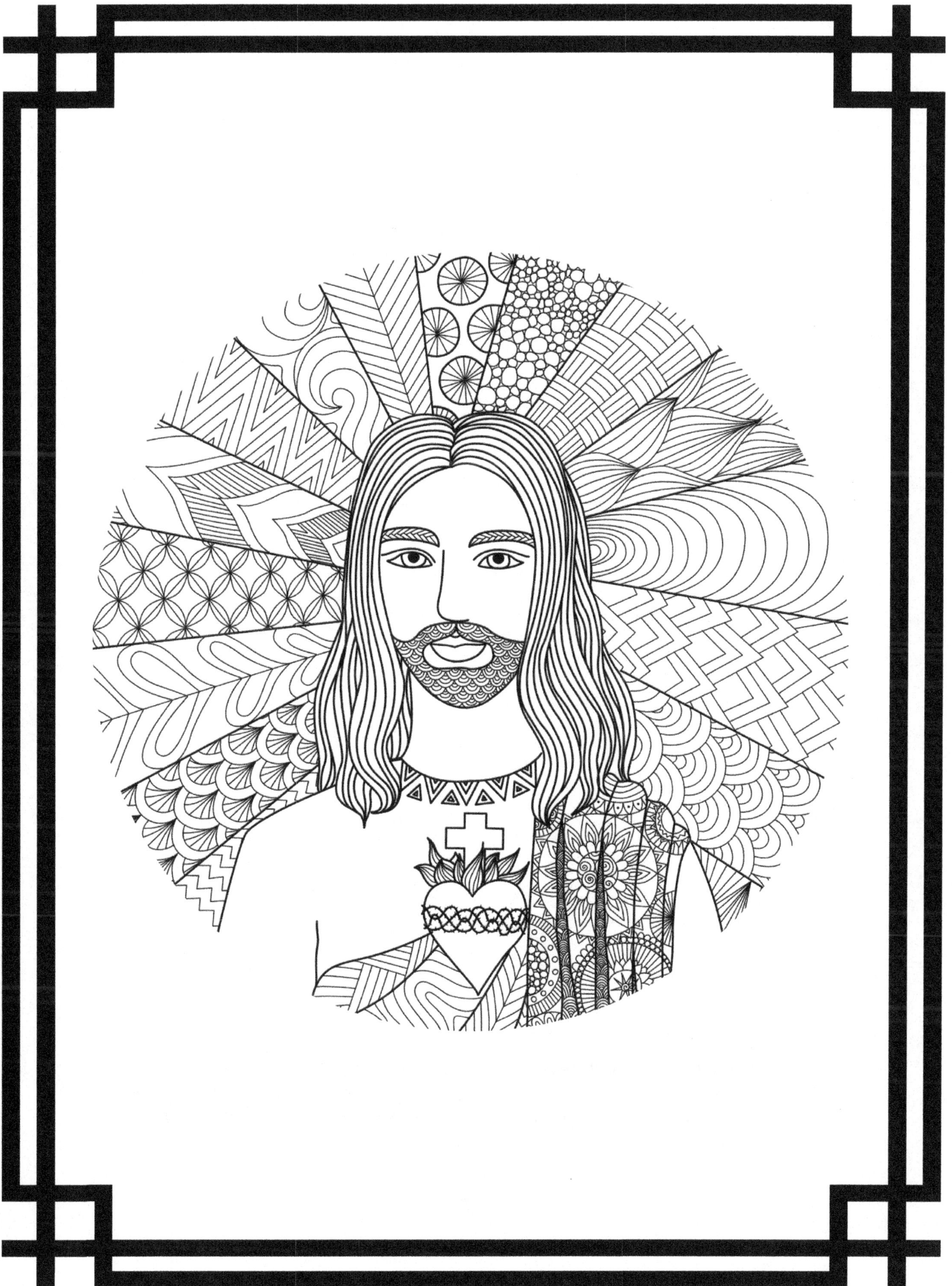

C'est une purge par Page si vous utilisez un coloriage feutre ou un stylo!
Trouver d'autres grands titres par la recherche de *Coloriage Bandit* sur Favorite livre détaillant
Amazon.Ca | Barnes & Noble (BN.Com) | J'ai Des Livres 1 Million (BAM.Com)

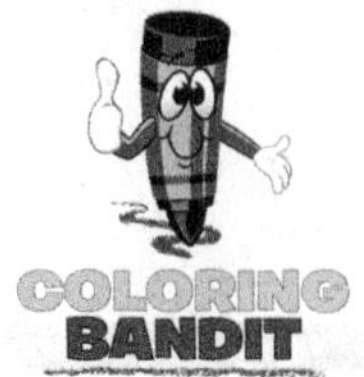

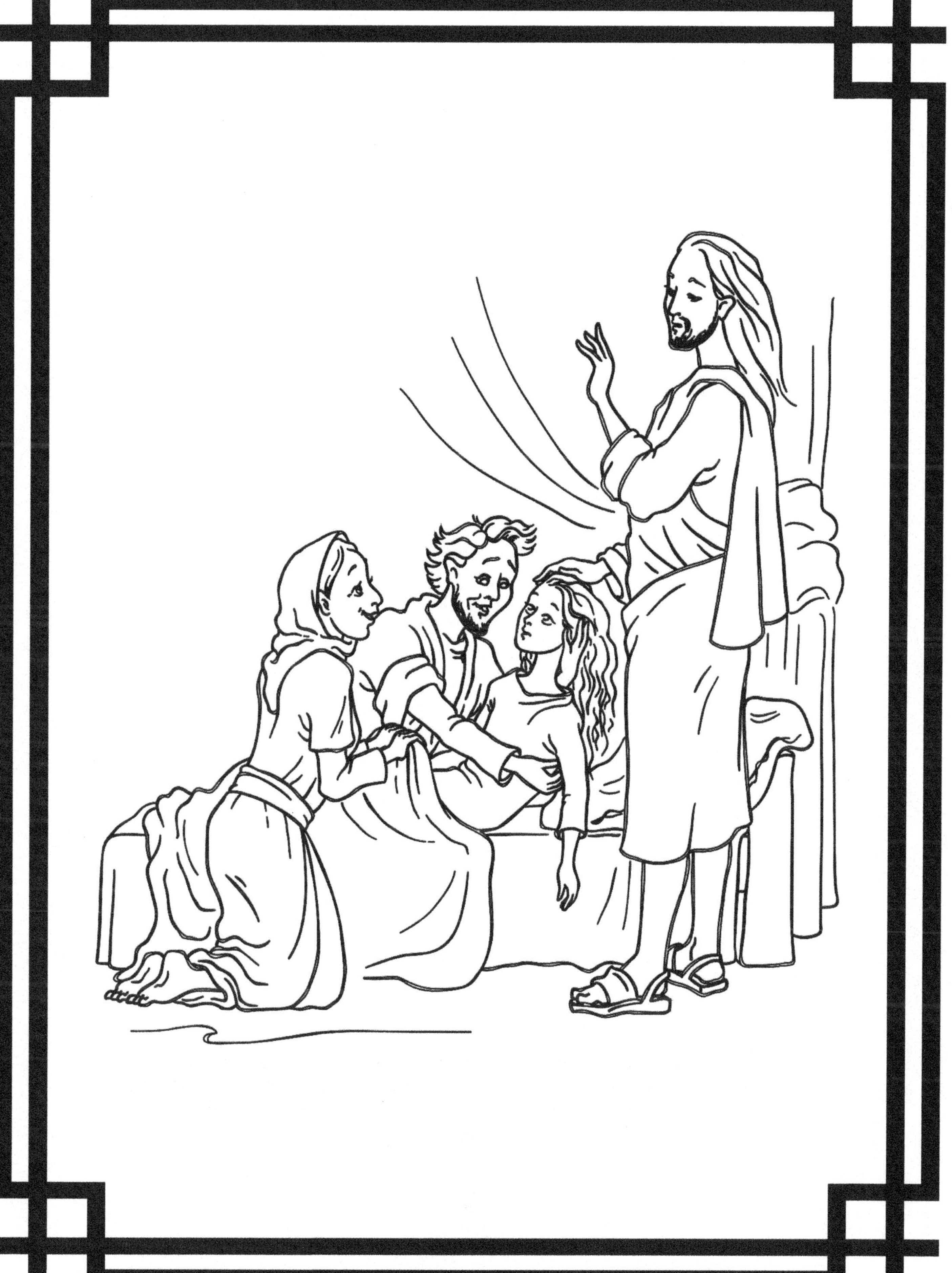

C'est une purge par Page si vous utilisez un coloriage feutre ou un stylo!
Trouver d'autres grands titres par la recherche de Coloriage Bandit sur Favorite livre détaillant
Amazon.Ca | Barnes & Noble (BN.Com) | J'ai Des Livres 1 Million (BAM.Com)

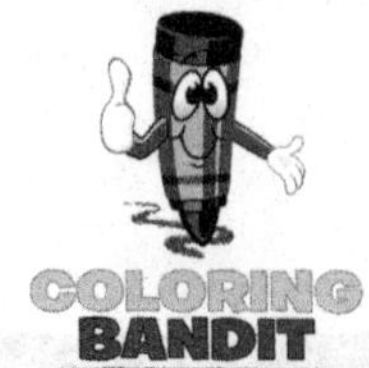

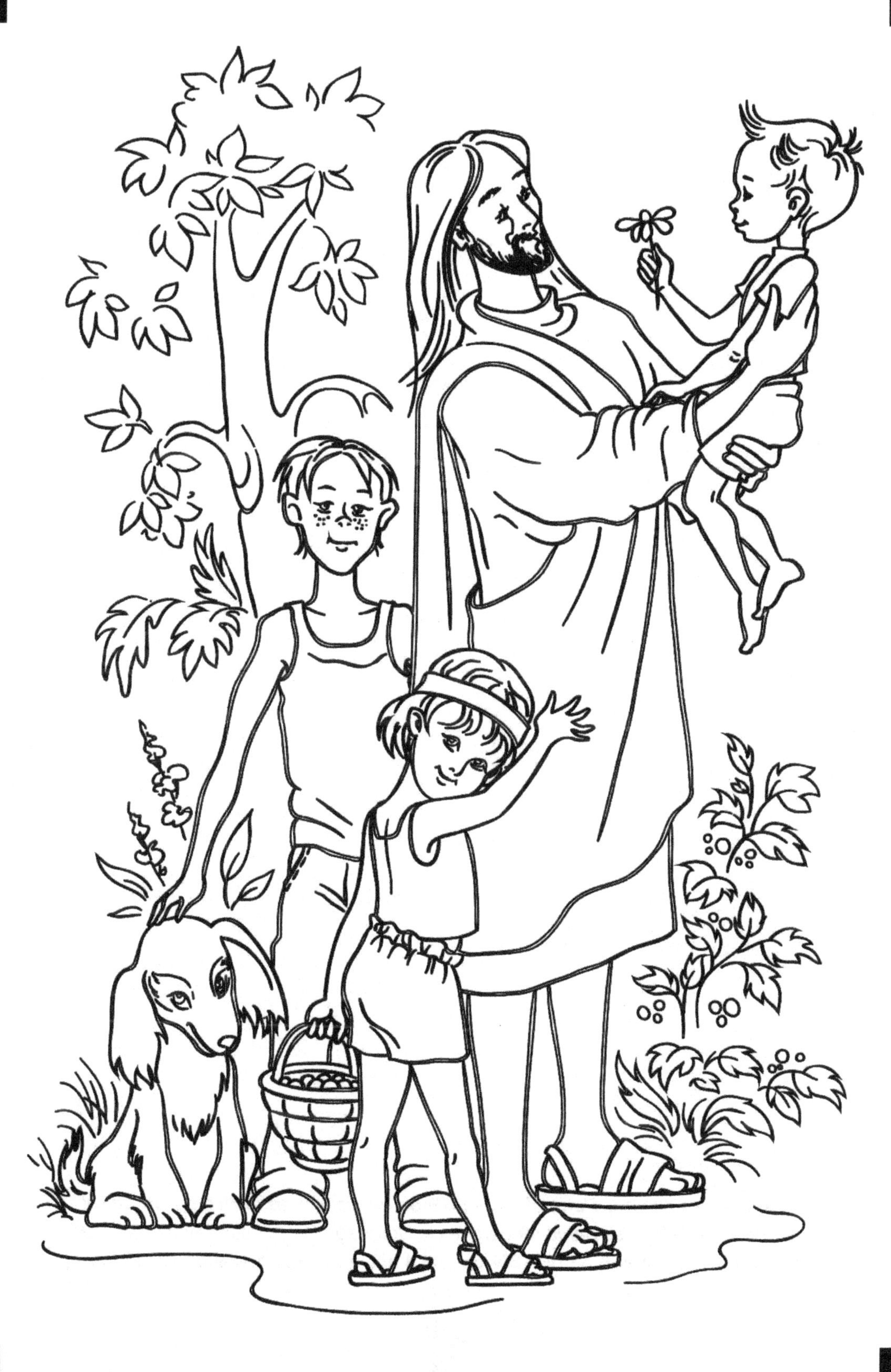

C'est une purge par Page si vous utilisez un coloriage feutre ou un stylo!

Trouver d'autres grands titres par la recherche de Coloriage Bandit sur Favorite livre détaillant

Amazon.Ca | Barnes & Noble (BN.Com) | J'ai Des Livres 1 Million (BAM.Com)

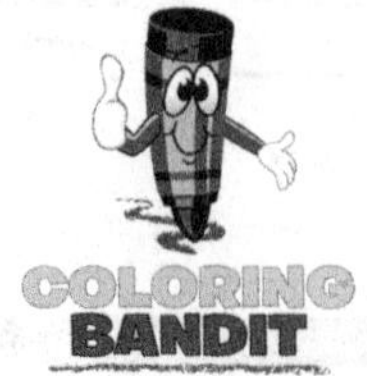

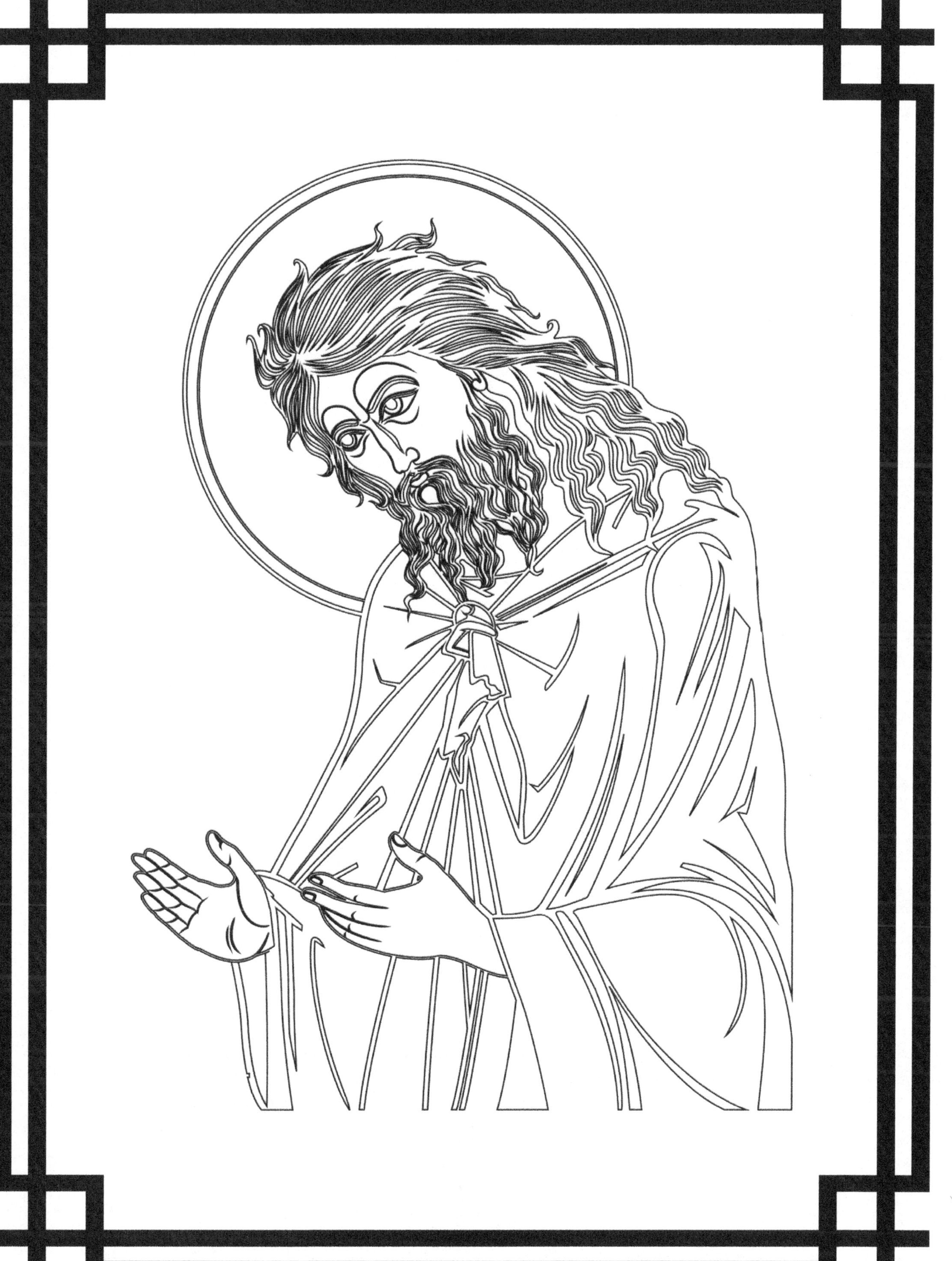

C'est une purge par Page si vous utilisez un coloriage feutre ou un stylo!
Trouver d'autres grands titres par la recherche de *Coloriage Bandit* sur Favorite livre détaillant
Amazon.Ca | Barnes & Noble (BN.Com) | J'ai Des Livres 1 Million (BAM.Com)

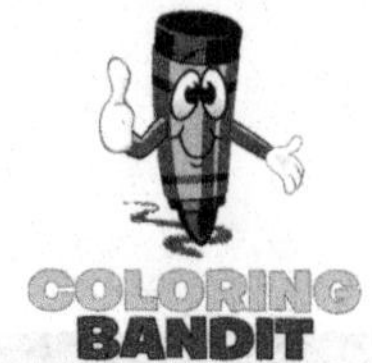

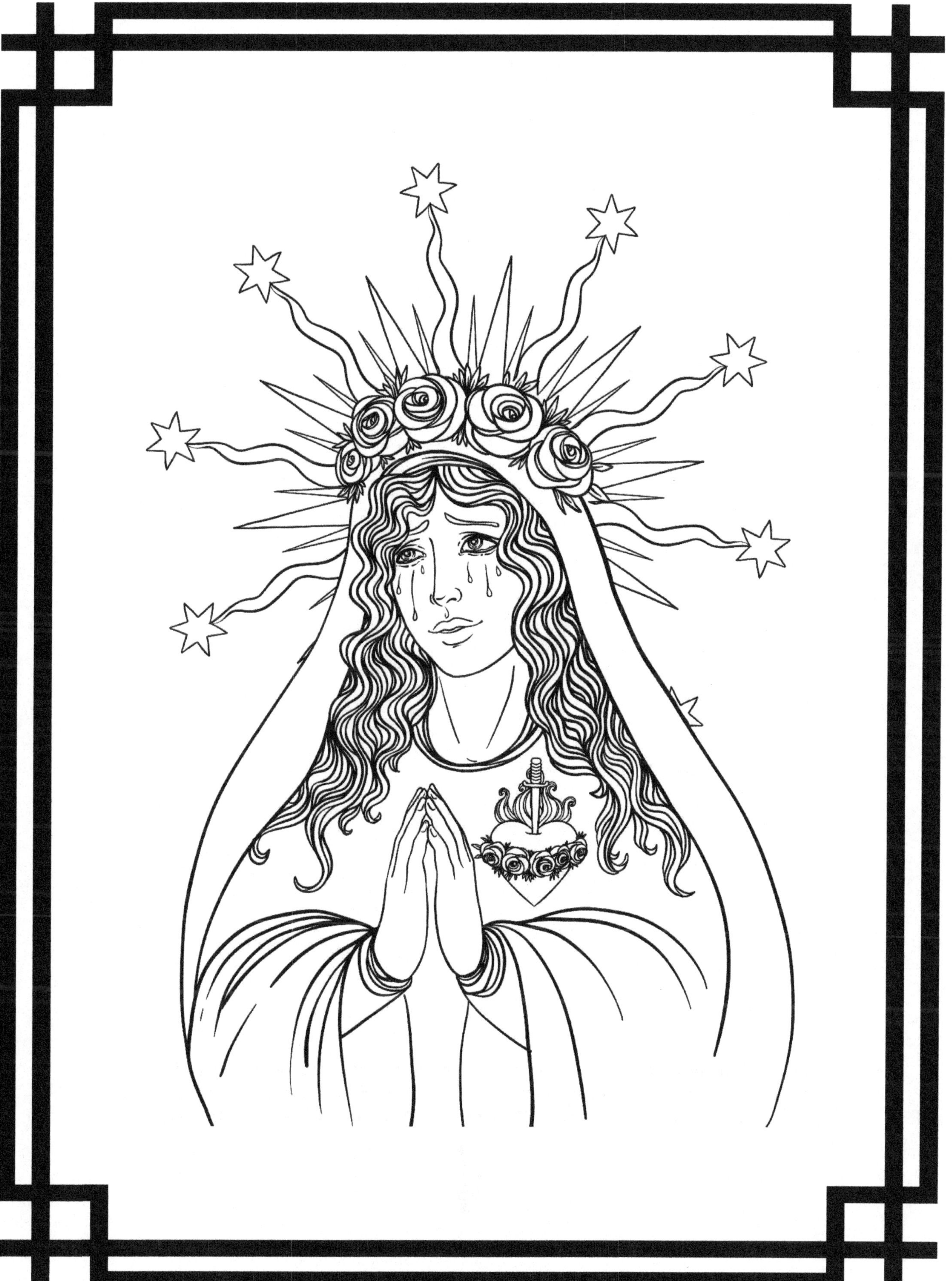

C'est une purge par Page si vous utilisez un coloriage feutre ou un stylo!
Trouver d'autres grands titres par la recherche de *Coloriage Bandit* sur Favorite livre détaillant
Amazon.Ca | Barnes & Noble (BN.Com) | J'ai Des Livres 1 Million (BAM.Com)

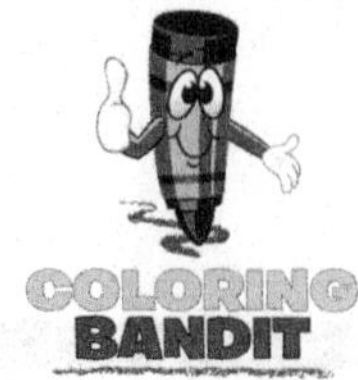

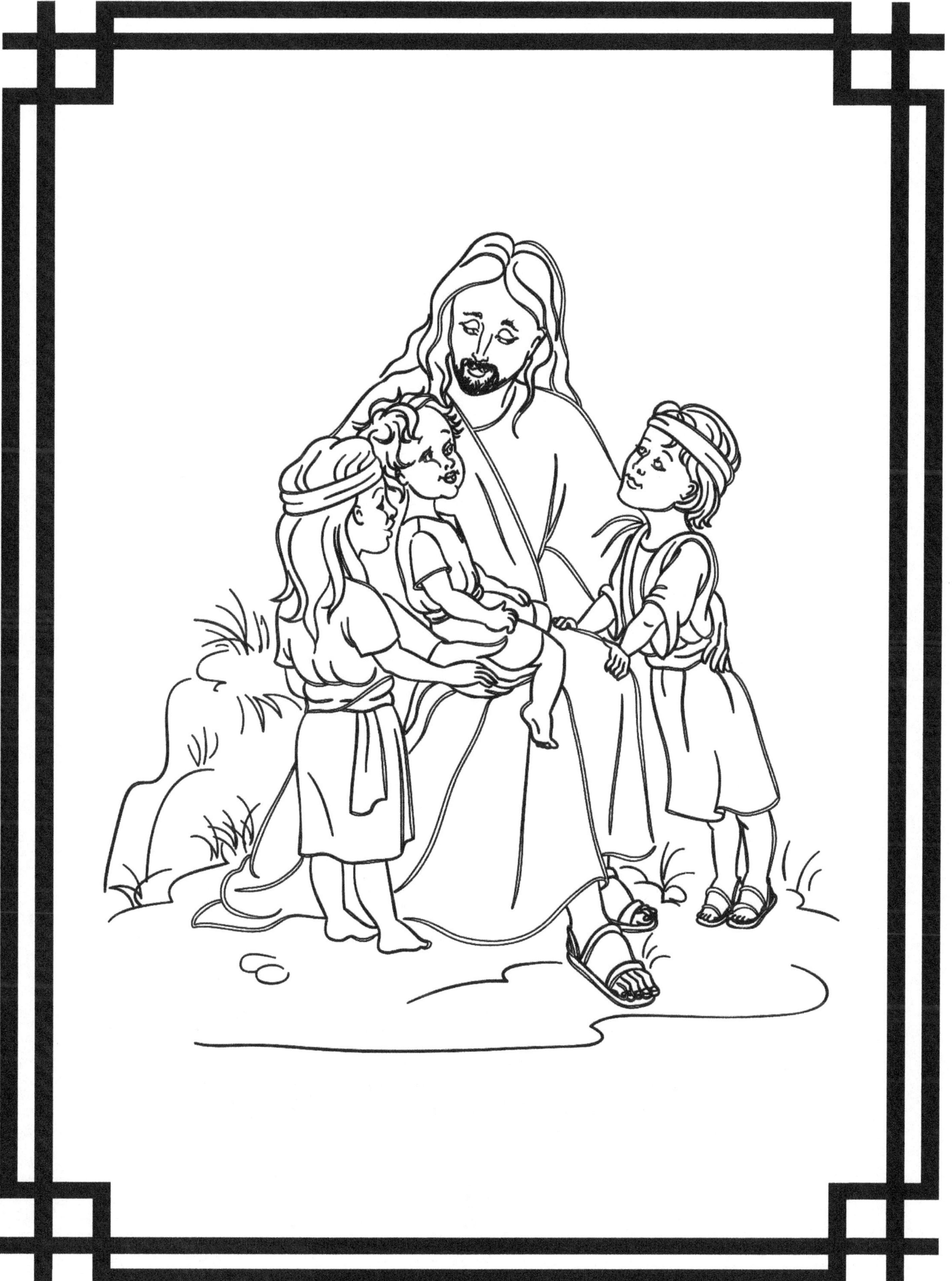

C'est une purge par Page si vous utilisez un coloriage feutre ou un stylo!
Trouver d'autres grands titres par la recherche de Coloriage Bandit sur Favorite livre détaillant
Amazon.Ca | Barnes & Noble (BN.Com) | J'ai Des Livres 1 Million (BAM.Com)

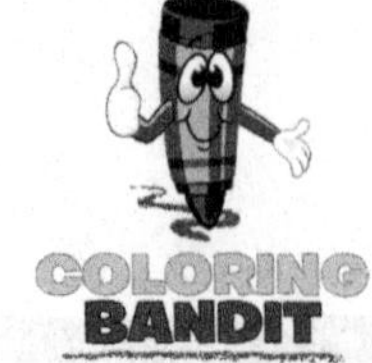

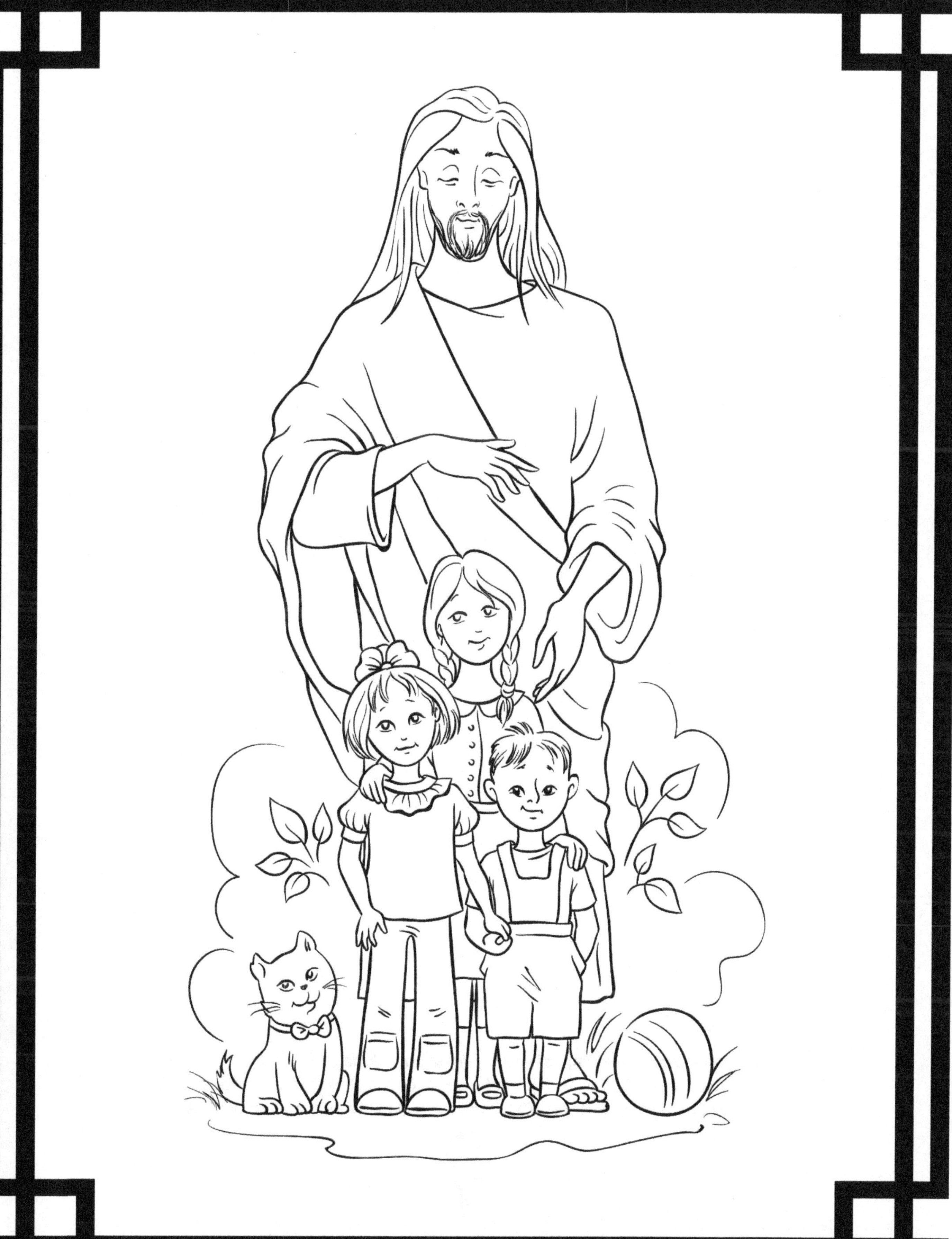

C'est une purge par Page si vous utilisez un coloriage feutre ou un stylo!
Trouver d'autres grands titres par la recherche de Coloriage Bandit sur Favorite livre détaillant
Amazon.Ca | Barnes & Noble (BN.Com) | J'ai Des Livres 1 Million (BAM.Com)

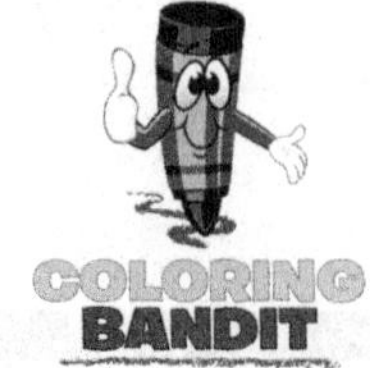

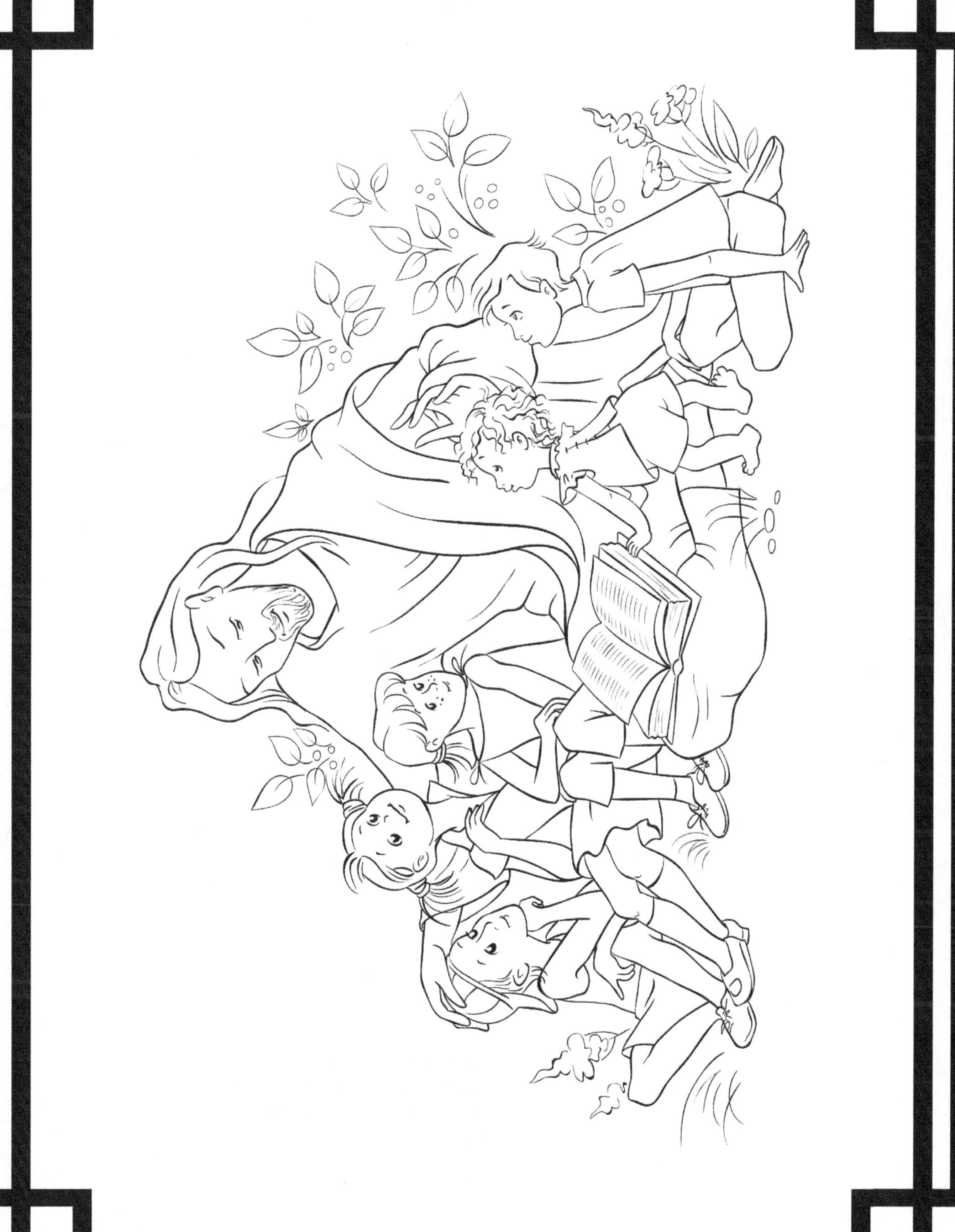

C'est une purge par Page si vous utilisez un coloriage feutre ou un stylo!
Trouver d'autres grands titres par la recherche de Coloriage Bandit sur Favorite livre détaillant
Amazon.Ca | Barnes & Noble (BN.Com) | J'ai Des Livres 1 Million (BAM.Com)

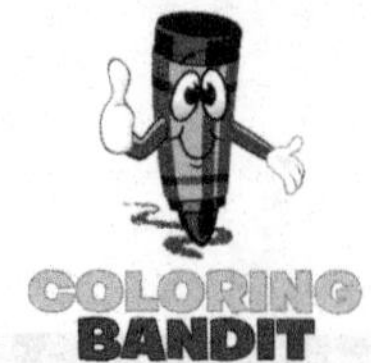

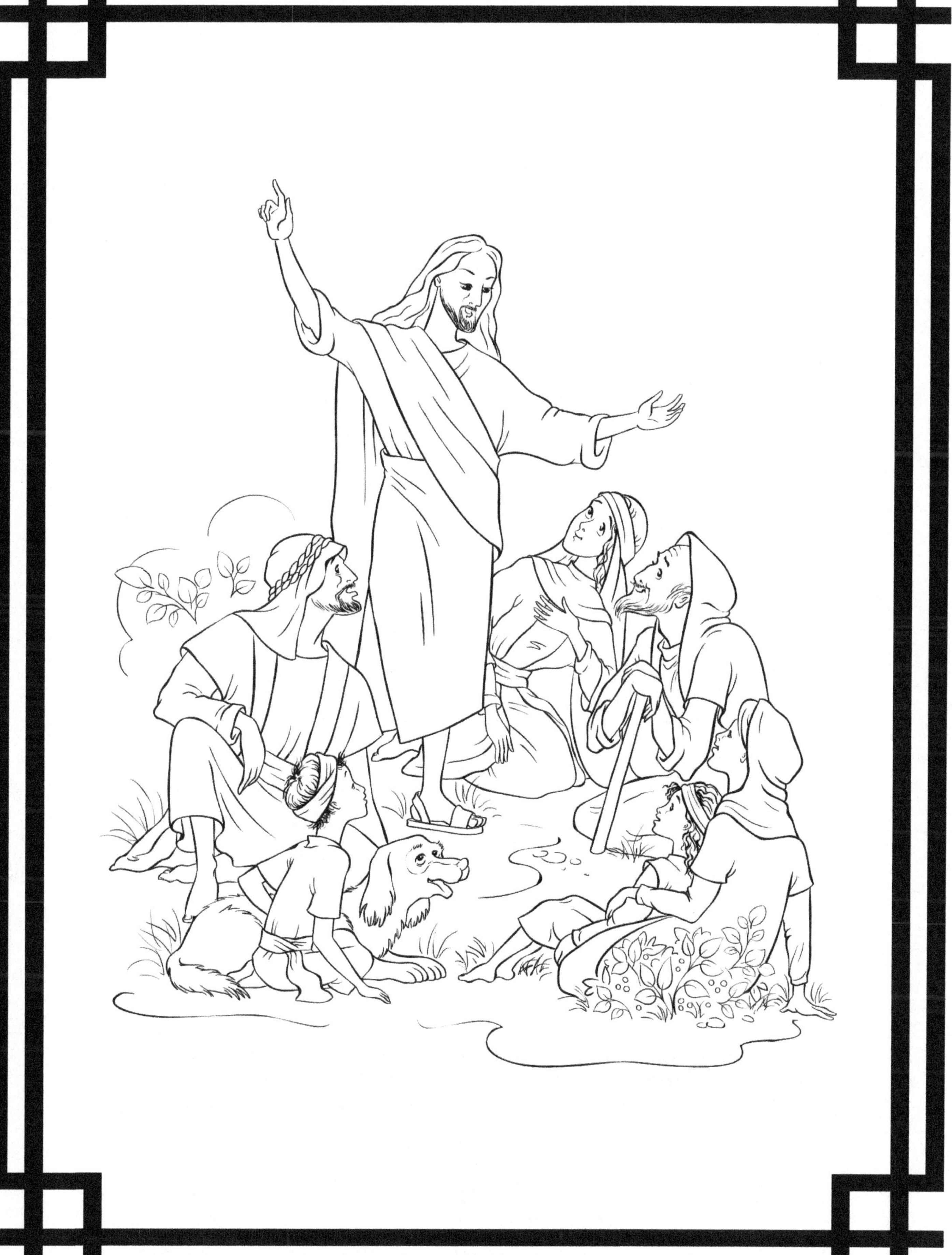

C'est une purge par Page si vous utilisez un coloriage feutre ou un stylo!

Trouver d'autres grands titres par la recherche de Coloriage Bandit sur Favorite livre détaillant

Amazon.Ca | Barnes & Noble (BN.Com) | J'ai Des Livres 1 Million (BAM.Com)

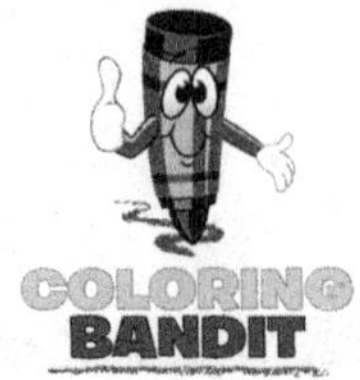

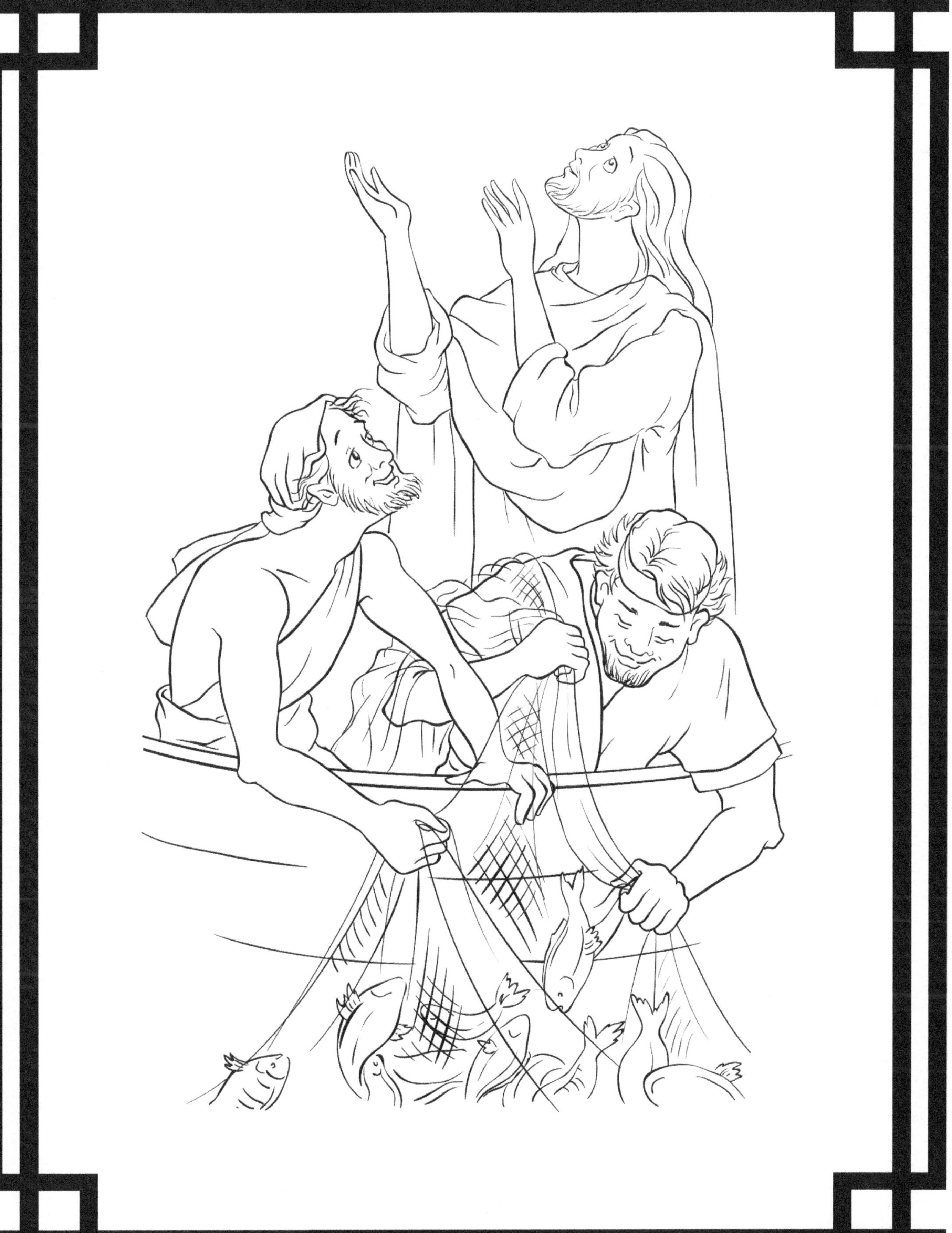

Made in the USA
Monee, IL
07 July 2026

56544400R00037